陆凡 • 著　安妮 • 绘

Nice to meet You

认识你真好 第2版

7个秘诀助你与人相处得心应手

中国发展出版社
CHINA DEVELOPMENT PRESS

图书在版编目（CIP）数据

认识你真好：7个秘诀助你与人相处得心应手（第2版）/陆凡著；安妮绘．北京：中国发展出版社，2017.8

（生命的藤架系列）

ISBN 978-7-5177-0735-6

Ⅰ.①认… Ⅱ.①陆… ②安… Ⅲ.①人际关系学—通俗读物 Ⅳ.①C912.11-49

中国版本图书馆CIP数据核字（2017）第184272号

书　　名：认识你真好：7个秘诀助你与人相处得心应手（第2版）
著作责任者：陆　凡
插 图 作 者：安　妮
出 版 发 行：中国发展出版社
（北京市西城区百万庄大街16号8层　100037）
标 准 书 号：ISBN 978-7-5177-0735-6
经　销　者：各地新华书店
印　刷　者：三河市东方印刷有限公司
开　　　本：700mm×1000mm　1/16
印　　　张：16.75
字　　　数：220千字
版　　　次：2017年8月第2版
印　　　次：2017年8月第1次印刷
定　　　价：29.00元

联 系 电 话：（010）68990642　68990692
购 书 热 线：（010）68990682　68990686
网 络 订 购：http：//zgfzcbs.tmall.com//
网 购 电 话：（010）68990639　88333349
本 社 网 址：http：//www.develpress.com.cn
电 子 邮 件：fazhanreader@163.com

第2版序　PREFACE

《认识你真好：7个秘诀助你与人相处得心应手》这本书，承蒙读者的喜爱，特别是应用于大学生和高中生的心理健康教育后，很多学生的生命发生了改变。年轻人变得正面豁达起来，快乐起来，他们懂得了感恩，也愿意听意见，学习沟通。很多人第一次意识到界限的重要性，开始学习管理情绪，知道怎样把情感、时间花在有意义的关系上面，而所有这些其实都是人性之美的展现。

目前社会上有心理障碍，需要心理干预的人越来越多。其实，他们中的绝大部分，若是在年轻的时候，学会与人相处的7个秘决，例如，如何表达和抒发，如何设立界限，特别是改变错误的价值观，开始快乐做自己，明白友谊的发展阶段，等等，很多的心理问题都会自动消失，迎刃而解，因为预防永远大于治疗。

《认识你真好》这本书，既是心灵读物，又是课堂教材，也是心理健康的参考资料。经过这几年在品格教育和心理健康咨询上的使用和推广，特别是随着辅导案例的增多，我们既看到了成绩，也发现了一些需要更系统化、清晰化的问题。

第2版保留了原来7个秘决的主干，主要针对四个章节做了更新，更侧重引导读者看出自己的问题，找到成长的方向。第2版保留了当初创作时的初衷，借着品格教育，培育心灵强健、有互动能力、高生命品质的新一代人，也再次得到绘图师安妮女士的大力协助。在此也一并谢谢晓利女士、Louisa女士在校稿方面的宝贵意见和大力支持。

作　者

2017年6月

评语　COMMENTS

读者评语

读这本书让人在乐趣中成长。作者不仅把与人相处这一庞大的题材写得生动有趣，又用贴近生活的故事把7个要诀条理清晰地阐述明白。生活中我们对自己人际关系中的弱点多少有些了解，却不知如何改进。读这本书让我对自己的习惯有了反思，更是知道了如何去改进，如何去调整，砸碎的是沟通障碍，得到的是诚挚友谊，我受益匪浅。

——读者　伍志千

在网络信息化时代，我们习惯了通过QQ、Email等电子方式与人沟通，QQ好友列表上可以有上千个好友，但在生活中缺少真正的朋友，时常有孤独感。为什么呢？因为我们如果跟网上的好友处不来，可以随时拖黑，不需要有任何责任。这样的交友方式在真正的与人相处中，却是步履维艰。对我而言，书中的事例、道理真实，简单可操作，读这本书不仅是在学习掌握与人相处的7个秘诀，更多的是一个自我认识、生命改变和选择快乐生活的过程。

——读者　肖微微

教师感言

在上本书第6章的“爱里有界限”这堂课时，学生们有内心困惑被瞬间击中的感觉。对一位无论是在生活中陷入了泥潭，还是在思想上走入了盲区的人，这一课题都有着使之灵光乍现、豁然开朗的疗效，它会推动人们重新审视自己的生活，什么是“界限”？与人相处中有哪些界限？自己内在的八大界限（情感、金钱、时间、话语等）又要如何恪守？品之有味、百读不厌，更是使人屡试不爽！

——教师　李雨徽

在知识经济时代，人人需要终身学习，本书所倡导的正是人生历练的根基。学会相处之道，不只是学习知识、技能，还有人生态度、价值观念的养成，相处不仅是指人与社会的关系，更意味着人与自然的和谐融入。而与自己内心的相处是幸福人生的根基，内心的喜悦让成长的旅程充满温暖，不畏艰险。

——教师　袁晨超

本书围绕现代社会人际交往各类问题，用浅显易懂的漫画故事引出种种人际交往的小困境，发人深思，给人以解决各类人际交往困境的疏导方法。非常适合当代青少年在从学校进入社会的这个过渡阶段学习，让青少年能都拥有健康的人际交往心理，培养正确的、积极的、向上的人生价值观。值得好好品读！

——教师　张蓉蓉

学生心得

通过学习与人相处的7个小秘诀，我感受到了与人沟通的重要性和巧妙性。在学习过程中我也清楚地明白我要改变我的很多坏毛病，因为在生活中我控制情绪并不好，脾气也有点急，没有做到快乐地过每一天，有时候自己还像一个怨妇一样抱怨这抱怨那，没有做到豁达……在与人沟通方面，我做得也并不好。但我会记住老师所讲的小秘诀，让自己以后做得更好。

——学生　刘启慧

用坦诚的心态对待朋友，真实地沟通；心里常想别人的需要；困难总是避免不了的，但也不是解决不了的。

——学生　韦　梅

“与人相处，得心应手”课程，让我认识到了自己的很多不足。自己在处理事情的时候不会豁达，但学习了这些后我真的觉得自己应该要学习如何待人接物，认识自己的情绪，做情绪的主人，为自己的情绪负责。从这门课程里，我认识到自己应该要学会爱自己爱别人，每天多给自己鼓励多微笑，要记得快乐做好自己。

——学生　王休菊

从小学到中学我从来没有觉得自己自自在在地活在自己的快乐里，没有自信心，不敢和别人相处，总是怕别人嫌弃自己，总是会担心别人怎么样对我，他们会不会不理我，他们会不会伤害我，这些一直都在我的脑海里转动，它们侵占了我的自由。但是自从来到这个学校学习了这些课程之后，在学习生活中慢慢地体会，在老师的不断帮助和鼓励下，我努力做快乐的自己，不在意别人的说法和想法，活在自己的快乐世界里。经过不断的努力，我觉得我改变了，我也相信了自己是可以的，我也没有了从前的东西——不快乐、自卑、盲目的冲动，我现在很快乐。我也希望我学习到的东西，别人也能学习到。快乐做自己，别人也快乐。

——学生　岑国红

我学会了做情绪的主人。我觉得人生才短短的几十年，就应该快快乐乐地度过，不要总是抱怨。心情不好的时候，我就去做令自己开心的事；遇到困难时，我会冷静地去思考解决的办法，因为我知道急是没有用的，这样反而会影响情绪。我有了自己的座右铭：生活就像一面镜子，只有你对它笑，它才会对你笑。

——学生　赵海燕

我学会控制自己的情绪：通过这学期的学习，我了解到自己生气的时候应该怎样做，情绪低落时应该怎样做，心情不好的时候应该怎样做，遇到困难时应该怎样做，当别人遇到困难需要帮助时我又该怎样做……首先，生气的时候，我学会了冷静，先深呼吸，在心里默数10个数字，这样就可以冷静下来了。情绪低落时，我学会了如何发泄，先找个地方，再把好朋友叫过来倾诉。遇到困难时，我学会如何向别人寻求帮助。当别人需要帮助时，我会尽力帮助别人，帮助别人的同时还要学会保护自己。

——学生　王桂莲

前言　FOREWORD

生活质量，或更准确地说"生命质量"，已经悄然走进现今人们生活的各个细节。虽然先进的电子产品、发达的媒体网络、便利的交通条件等提升了现代人的生活质量，但客观条件指标（如消费水平、居住条件、教育卫生环境）在生活质量方面的贡献，远不如人际关系、社会结构、心理状况这些主观感受指标来得影响大。这些指标决定了生活满意度和幸福感。

"人之幸福在乎心之幸福"，这是歌德的名言，也是众人生命的体验和见证。在现代物质日趋发达的今天，怎样可以把生活的各种元素，都转化为增添生命质量的细节，已经无疑成为现代生活中的最大挑战之一。笔者认为，享受每一天的生活，已经成为现代人必须具备的一项生活技能。它并非指一定要出去旅游或大吃大喝，而是指无论顺境或逆境，也无论拥有或失去，我们都有好的心态，可以面对人生，活出我们的价值。

这也是《生命的藤架》这个系列希望带给读者的。这个系列从不同的角度，阐述人内在的正确价值体系，可以撑起孩子的未来（参见《用什么撑起孩子的未来》)，也可以撑起每一个人的生命。这本书所谈到的，是撑起每一个人的与人互动过程，使彼此认识成为祝福，成为可以转化为生活正能量的东西，遇到每一个人都可以说:“认识你真好!”

多年的品格教育和咨询辅导的经历，使我看到培育学生心灵强健的重要性。无论是中学生，还是大学生，在与人互动方面、情绪处理方面、沟通和智慧地设立界限等方面，都需要长足的进步。我们编写的心理健康课程“与人相处，得心应手”，深受学生们的欢迎。他们认为该课程内容轻松、活泼、实用，课堂里充满着欢笑和思考。从这个课程出发重写这本书，令我也再次思考友谊与价值观的关系，希望给更多深陷于人际苦恼的朋友一些帮助。

这本书使用了大量活泼的图例，以案例进行分析，既有实情，又有方法，在轻松和欢笑之中，把与人相处得心应手的7个秘诀一一展现出来。这一个个秘诀，其实是一个个人们忽略掉的生活技能，它们可以把一切相关的人事物，都转化成增加幸福感的材料，使我们的生活变得更加美好。

这本书虽以对年轻人（大学生）的角度写出，但适用于多个阶层及年龄段。它的价值不仅在于给出了人际相处的一些技巧和秘诀，更重要的是把人性的各个基本点，例如向善性、自私自利、需要朋友等优点、弱点和特点向人展示，吸引人借着价值体系的生长，活出自己，活出馨香的品格特质。

作　者

2013年8月于贵州

目录　CONTENTS

Part 1　友谊的哲学

与人相处到底难在哪里？若是你认识了自己的价值观和生命公式，你就会发现友谊的培育一点都不难。一个人的魅力正是来源于他的内在价值体系和外在生活技能，而当你有了诚信、爱心这些品格，学习高尚的价值观后，友谊之花就将处处绽放。这一章所揭示的七个秘诀，将带领你步入与人相处得心应手的境界，就像一只美丽的蝴蝶一样，经历成长和蜕变，成为一个充满魅力，享受幸福感的人。

引子　乐乐、美美与和和...........002

人际关系与幸福感...........007

友谊的培育...........010

与人相处难在哪里...........021

友谊的哲学...........028

本章思考与练习...........032

Part 2 豁达不自私

豁达是一种人生态度，也是一项展现成熟的生活能力，是与人愉快相处的第一秘诀。豁达不是一天就可以学到的，要从根本观念的改变开始，并在思想、反应、话语、行动中带出调整和改变，至终形成为我们的习惯和品格。

引子　小张和小王的故事...........034

豁达的心...........037

人之幸福在乎选择...........041

选择祝福他人...........043

选择感恩与快乐...........046

管住自己的思想...........049

活出豁达的生活实际...........054

本章思考与练习...........058

Part 3 快乐做自己

快乐做自己，就是享受自己的价值，认同自己的尊贵，不为别人活，豁达地对待别人的拒绝、不接纳、不认同，有“屏蔽”别人的拒绝和负面话语的能力。专注于自己的梦想，胜过自己，超越障碍，做一个能从正面去影响别人的高尚之人。

引子　吴晓的故事...........060

活出自我是成功...........063

不活在别人的眼光里...........068

活在自信和梦想中...........072

看自己合乎中道...........076

快乐大进步...........079

快乐做自己...........082

本章思考与练习...........086

Part 4　人性化魅力

在与人互动中，你会发现，若用自己人性的弱点与人相处，就一定会产生问题。但这其实是个好事情，因为那是改变的开始。人性化的基础是品格，认识品格的魅力是这章的重点，而活出人性的美善，特别看重互助和关爱能力的培养，会帮助我们与人相处，可以得心应手。

引子　篮球场上的故事...........088

人性化，人情味...........091

与生俱来的人格特质...........094

人性化典型表现...........098

品格端正朋友多...........103

本章思考与练习...........108

Part 5　双向性沟通

沟通不是纠错或讲理，更不是为了把对方“压下去”。沟通是为了传递温暖，表达尊重，在真实中清晰分享自己的诉求和感受，并且能达成一致，找出共同的行动。这种双向的沟通是与人相处的基本生活技能，必须借着不断学习、反省改进，而逐渐融会贯通起来。其中涉及到分享、倾听、回应等环节，也要学习道歉的艺术、称赞人和化解冲突的技巧。

引子　围脖的故事...........110

沟通的双向性...........112

怎样进行双向沟通...........116

有效沟通的要点...........130

沟通化解冲突...........137

沟通秘籍...........145

本章思考与练习...........148

Part 6 爱里有界限

你在生活中的很多困惑，或许来源于你不懂得“界限”。若是你开始认识界限，并用智慧为自己设立爱的界限，就可以最大限度地发挥爱心，真实地帮助别人。内心的八大界限，使我们在与人相处中，既可保护好自己，又可顺利完成属于自己的职责，也是崭新友谊的开始。

引子　大马和小马...........150

与人相处中的界限...........154

先与自己立界限...........161

如何与人立界限...........172

本章思考与练习...........176

Part 7 情绪的主人

你是否还在任凭情绪这头怪兽“驰骋”在你的内心，“漫步”于你的生活，或是被情绪牵着鼻子，随性毁掉你的友谊和大好前途？那些能管控好情绪的人，一定是生活中的强者。他们认识自己、接纳自己，掌握情商七能力，且屡败屡战。做自己情绪的主人不是遥不可及的，反而是享受自由与快乐的开始。若是你愿意脱离以往被动和苦恼的光景，让喜乐成为你的生活主旋律，不如立刻做一个决定：我要做情绪的主人。

引子　小宇的故事...........178

做情绪的主人...........183

情商七能力...........193

常见情绪处理技巧...........204

本章思考与练习...........214

Part 8　四阶赢友谊

幸福的人生有诸多要素，如做有意义的事、寻得几位知心朋友、拥有品格魅力、产生价值回报等，其中友谊占有相当的比重。若你想使友谊这道清泉滋润你的生命，就要认识友谊发展的四个阶段，以及不同阶段的特征和彼此的责任。而友谊的原则就如莎士比亚所言，应该和任何人都成为朋友，但专心经营几位知己，同时在爱里不亏负任何人。

引子　小敏的故事...........216

友谊的四个阶段...........220

友谊的特质...........223

如何开始友谊（偶遇初识）...........225

如何维持友谊（普通朋友）...........229

如何走入人心（知己朋友）...........232

如何彼此委身（亲密朋友）...........238

友谊中的界限和智慧...........243

本章思考与练习...........247

本书链接一览表...........248

Part 1

友谊的哲学

引子　乐乐、美美与和和

乐乐与美美既是同乡，又是同学，他们高中毕业要上大学了。美美的妈妈从小就教育她要为下一个阶段作预备，例如，美美小学毕业的时候，妈妈送她到姑妈家请教已经上初中的堂哥。初中毕业，她又参加了一个暑期班，预先体验高中生的紧张生活。现在，她已经养成了习惯，主动要为大学的生活作预备了。

提到大学生活，美美说，想来想去，最怕的就是处不好同学关系。美美怕自己交不到朋友，她特别在意别人对她的看法。乐乐对此却显得满不在乎，他曾看了一部古典小说，最欣赏其中的一句名言："合久必分，分久必合。"他说合得来就是朋友，谈不来也没必要成为朋友。现在的社会，谁离开谁都活得了。乐乐说："与人处不好，能怎么样？他对我好，我就对他好；他不喜欢我，我也未必喜欢他。"其实乐乐心里清楚，他也担心大家真正了解自己后，就不喜欢与他做朋友了。

虽然美美和乐乐对与人相处的看法不尽相同，但他们对于大学生活却都十分憧憬。美美提议要为大学生活作预备，乐乐建议她去找自己的表姐和和，他爷爷曾说，表姐是全家的骄傲。和和大学毕业十五年了，现在是一家上市公司业务部的副经理。大学刚毕业一年，她就因为积极肯干，被老板相中；工作三年时，已经是部门的业务骨干，升为经理助理。经理对她的评价是："有头脑、能力强、善与人相处，有培养前途。"乐乐觉得表姐一定能在与人相处上为美美指点迷津。

听了乐乐与美美你一言、我一语的介绍，和和明白了他们的来意，并说："这正是我当年的困惑啊！我刚进大学，就听一位老师讲，大学生活是人生阅历中很重要的一部分，是人生观、价值观形成的重要时期。大学生人际关系的调节和学习对其心理健康及将来的职业发展都有极其重要的意义。大学期间，除了完成学业外，我特别注重观察、学习与别人相处的经验。这里面有成功的，也有失败的。总之，我成长了。现在我能在工作关系上得心应手，多亏这四年所打的基础了。"

美美和乐乐相视一笑，乐乐说:"看来我们找对人了，表姐，你快点给我们说说吧!"

和和说:"我很喜欢一句话，花若盛开，蝴蝶自来，人若精彩，天自安排。因此我认为若想处好人际关系，最重要的，就是培育自己成为一个对的人。大家都是在失败中成长起来的，要立足于成长。首先，咱们来看看蝴蝶的一生。"

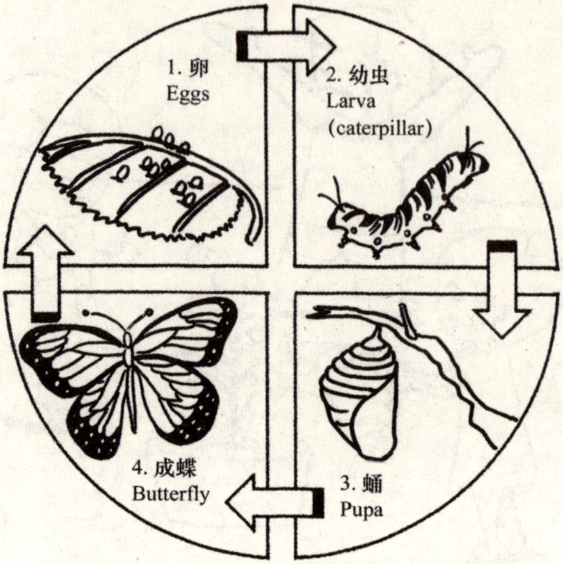

蝴蝶的一生

蝴蝶的一生经历了四个成长阶段：蝴蝶产卵（生产）、卵到幼虫（长大）、幼虫到蛹（突破）、蛹到成蝶（改变）。这其中的每个阶段，蝴蝶都在成长，生命一直都在更新变化。

以中华虎凤蝶为例，交配完的雄蝶几天内就悄悄死去，雌蝶则把卵产在叶片的背面，方便幼虫一孵化出来，可以就地取食。这些卵极其细小，但20多天以后越吃越大，随后幼虫破壳而出。这个阶段的幼虫飞速生长，它们大口咀嚼，要吃比自己重量多几百倍的叶子。随着身体逐渐长大，它们每长一龄就要蜕一次皮，共蜕五次。蜕皮的时候，其外皮从腹部先裂开，然后从头部拉下，就像脱一件衣服一样。中华虎凤蝶的蛹期特别长，在结蛹点它用吐出的丝织成一个圈，然后钻进丝圈里，以休眠的状态，度过漫长寒冷的冬天。冬去春来，它们纷纷褪去蛹壳，蜕变成美丽的蝴蝶。

每个人都要成长

蝴蝶的美丽迷人，源于其一生不断地吸收、蜕变、突破和改变。我们也要具有这种不断吸收（知识）、不惧（环境）改变、奋勇突破（困境）和（生命）终身成长的精神。你们从小婴儿到上幼儿园、小学、中学，现在要成为一名大学生了。在这个期间，不仅岁数大了，个头、身量也变大了，思想丰富了，智慧也增加了，同样，品格也要成长。品格力，就是指人的内在美德，加上外在的生活技能。这种品格力，就是帮助人在人际关系中能得心应手的关键生活能力。

自我检测：我需要成长吗

- 我很怕上课回答问题，见到人也容易紧张，不知如何是好。
- 我从来都是一个人做事，独来独往，与人相处很花时间，也很麻烦。
- 朋友到了约定时间没有出现，我一遍又一遍打电话给她，很不高兴。
- 看到别人成功，我就郁闷，觉得自己没用，没什么发展前途。
- 小组长当众说了我，我很委屈，决定退出不干了。
- 我常感到活着没动力，想着要读书就烦，不知道要怎样走下去。
- 我的同学们笑话我，我觉得他们不尊重我，我也不会再理他们了。
- 我的好友向我抱怨自己的处境，我不知道怎样可以帮助她。
- 我和外面的朋友处得还不错，但和家人相处时，常不耐烦或发脾气。
- 同寝室的人，脾气大、睡得晚，我真的不知道怎样和他们相处？

品格力的成长

外在人际关系的问题，可以反映出心理是否健康。若在检测中发现有相仿的状况，说明你需要成长。一个人不能只注意外面身体的成长，也要注重内在心灵的成长，包括恩慈豁达、善于沟通、抗压应变、情绪稳定等，这些都是品格力的范畴。

据不完全统计，2009年北京高校有19名大学生自杀。学生自杀数每年都在增长，更糟糕的是，自杀年龄越来越小，多地已发生中学生自杀案例。为何看似年轻力壮的年轻人，却选择结束宝贵的生命？因为外面虽健壮，但内心软弱，一有风吹草动，“里面的人”先倒了。由此看来，我们必须要来面对自己里面的状态。这些不健康的状态，有的需要专业的心理干预，有的借着品格力的成长，自然就会改善。

美美和乐乐听到这里，决定要在品格上成长，做一个心灵强健的人。

人际关系与幸福感

人具有社会性，不能脱离社会而孤立生存。例如，你身上穿的衣服，不一定是你自己做的，那是因着社会分工，经过无数道工序和手续，你才能购买得到。因此，我们应该意识到，我们彼此需要，必须交往互动。通常对人类整体运行发展有利的，称为人的“社会性”，如利他性、服从性、依赖性，以及更加高级的自觉性等。“反社会性”则与之相反，将利己发挥到损人。自然界中的蚂蚁、蜜蜂等，似乎比人类更具有社会性，我们人类也应有意识地发挥出健康的社会影响力。

具有社会性的人，无法逃避与人交往，它不是一项必须应付的日常工作，实际上是一种事业，伴随着人的一生，体现在生活的点滴细节中。说白了，它就是一项社会人必须具备的基本生活技能。而其质量的好坏，又直接影响着幸福感。

乐乐有些不服气：“我认为很多人和别人发生冲突都是因为小气和计较，注意一下就好了。有些人我们惹不起，还躲不起吗?”

和和温和地回答：“对啊，我们在生活中，是需要大度与豁达。只是从大学开始，你会发现你不得不和与你习惯不同的人生活在同一间宿舍，上班后你会发现，什么样性情的同事和客户都有。我们常常无法选择周围的人，你是因为这些周围的人感到不如意，还是学习与人相处的生活技能，具有生活幸福感呢?”

人际关系对情绪的影响

某基金会曾发表过一项针对人际关系影响忧郁情绪的调查报告，受访人数为3000，年龄从12岁至退休。该报告显示，常独来独往的人，以及与人交往中较为敏感的人，忧郁程度较高。受访者的人际关系与忧郁情绪的关联性很强。其中，受访者与邻居的互动关系最容易产生忧郁情绪，比例达到28.7%；其次是上下级关系，占19.3%；排名第三的是亲戚关系，占16%。

随着社会的飞速发展，生活节奏日益加快，竞争越来越激烈，人际关系也变得越来越复杂，有人讲“人类进入了情绪负重年代”。大学生群体因为面临学业、求职和恋爱等需要，也成为负重的一代。近几年，“郁闷”已悄然成为时下流行语，而引发郁闷的原因有学业、经济等，其中影响最大的是交友与人际关系。

进入了大学校园后，首先面对的就是如何处理与他人的关系，包括师生关系、同学关系和异性关系等。一份对150位大学生的问卷调查中，有73%的同学坦言师生关系远比中学时代疏远、冷淡。调查发现，大一新生的自信程度明显低于高年级的同学，应对处理能力也相对较弱。在与异性交往的过程中，有30%左右的同学存在问题。出现人际关系紧张时，多于75%的同学反映很难接受，有郁闷情绪。

不仅大学生，整个社会的焦虑症和抑郁症也越来越多。焦虑症的发病率，20世纪80年代是1%~2%，现在为13%，每100个中国人当中就有13个人是焦虑症患者。20年前，中国人抑郁症发病率是0.05%，现在是6%，增加了120倍。

为何经济迅猛发展，但心理健康的问题却越来越多呢？互联网、手机、虚拟环境，在增加了人们电子享受的同时，也不知不觉在拉大人与人的距离，导致很多人无法有效沟通，不会排解情绪。看来，懂得人际互动，人才可能有幸福感！

人际关系对生活品质的影响

良好的人际关系，大家互相关心，相互帮助，和谐共处，可降低心理压力，利于心理健康。人际关系不良，凡事都压抑在心中，容易产生心理障碍。

美国心理学家霍华德·弗里德曼（Howard S. Friedman）和莱斯利·马丁（Leslie R. Martin）经过20年的研究，总结出了影响寿命的决定性因素，并发表了著作《长寿工程》(*The Longevity Project*)。该书列出了“长寿关键要素排行榜”，第一名就是人际关系，其他的因素诸如性格特征、职业生涯、生活细节、戒掉不良习惯、与健康者为伍，则分别列在排行榜的第二至第六位。

研究表明，人际关系的重要性超乎想象，可能比水果蔬菜、定期运动更重要。哈佛大学医学院通过对268名男性的追踪调查发现，一个人生活中真正重要的，是和别人的关系。那些常与朋友小聚适度饮酒者，比滴酒不沾者更长寿。

人际关系对职业发展的影响

香港大学的新生面试，常把面试学生分成几组，在他们彼此互动和共同回答问题中观察、取舍。哈佛大学挑选新生，面试过程不问关于学科方面的问题，多数是交友。例如：“好朋友向你借了20元钱，一直未还，可是你看到他又看电影，又去星巴克喝咖啡，你会怎样反应？”这些问题似乎都没有什么标准答案，但考官会根据回答，判断面试学生的人际互动和情绪处理的能力。

人际互动能力不仅影响升学，也会影响到求职。越来越多的企业在招募时，已经不只看重业务能力，也把有团队精神、支持他人、善于沟通、有弹性等作为选拔人才的标准，希望找到那些品格好、态度好，能处理好上下级关系的人。

听到这里，乐乐服气了。他开始想了解人际互动的秘诀。

友谊的培育

看到乐乐着急的样子，和和笑着说:“我很喜欢华盛顿讲的一句话，真正的友情，是一株成长缓慢的植物。这颗植物很宝贵，需要大家用诚信、爱心去养护。”

美美问:“我养过植物，很花时间的，那要多久才能交到好朋友啊?”

和和宽慰道:“美美，当你看到植物开花时，是否很愉快呢?”

美美答:“那当然了！真的可以用赏心悦目来形容。”

“对，只要我们栽下小苗，定时浇水，小植物在阳光中就逐渐成长起来。友谊也是一样，爱的浇灌、信任的培育，再加上期盼的心（相信定能赢得友谊），不知不觉，友谊之花就会绽放。”和和鼓励道，随后她结合自己大学的校训，诚信、爱心和高尚，为美美和乐乐作了测试，并为他们提出了品格的成长目标。

诚信

请自我检测：有关诚信，我有没有以下类似的情景?

- 室友小马放在宿舍的手机、食物、电脑等，我可以随意拿来就用。
- 老师、家长、同学交代我负责的事，我统统都会答应，但总不想去做。
- 我平常很尊重别人的隐私，但生气时会把朋友私下告诉我的话都说出来。
- 看到朋友们在一起议论纷纷，我会猜测他们是否正在说我的坏话。

与人互动中，第一条规律就是讲诚信，包括自信满满、言而有信、真诚信任等。而过度依赖、利益缠绕和虚假遮掩对关系的杀伤力是很大的，健康的友谊要求交往的个体必须具有一定的独立性，明白并接受“我是尊贵有价值的”。

自信满满

铭恩在高中时喜欢班上的一个女生，二人偷偷开始谈恋爱。他们所在的县城不大，很快女生的父母就知道了。女生的父母不认可他，认为会影响女孩的学业。一天，铭恩放学回家，远远看见自家瓦房前，停着一辆高级轿车，心中非常诧异："谁会开车到我家造访呢？”来者是县公安局的某位干部，受该女生父母之托，来“警告”他，不要再与她交往了。看到父母失望的眼光，铭恩黯然决定分手。

进入大学后，铭恩常常感到沮丧，遇到喜欢的女生，也不敢表白。有一次，他鼓足勇气表白被拒后，就想自杀。但辅导老师的话“点醒”了他："人不是因为被别人接纳才有价值。”他开口饶恕和祝福所有使他感到痛苦的人，从此变得快乐起来。两年后，他在实习单位遇到了心仪的女友，二人交往后顺利结婚。

每个人都是尊贵的，生命是无价的。无论家庭背景如何，人生来就有四个天赋，自我意识、良知、独立意志和创造性的想象力，使人能做出选择，产生反应，并发生改变。因此，你生来就有价值，并且你的价值随着成长，会持续增加。认识到这点的人，行事为人自信自爱，使友谊孕育在自由快乐的土壤之中。为过去发生的而感恩，真实地饶恕和释怀，都帮助我们自信满满地开始新的关系。

言而有信

沃伦·巴菲特曾说:“在寻找可以雇用的人时，你要寻找这三种品质：诚实、智慧和精力。如果他们不具备第一个品质，另外两个品质能要了你的命。”

老板很信任大张，请他保管库房的钥匙。大张平时负责维修，他技术精湛，待人友善，公司哪里出了状况，大家都喜欢找他帮忙。有段时间，大张把钱借给朋友做生意，没想到朋友生意失败跑路了。大张很怕老婆，每次老婆问起钱来，他都谎称朋友生病做手术，随后就会还钱。久而久之，大张很担心老婆发现真相会生气，就开始打库房产品的主意。他私自拿了两个新产品，放到淘宝网站去卖，没想到一下子就卖掉了。随后他的良心开始不安，就停止了。哪知购买了他产品的客户，非常喜欢，几次在网上留言未果，就直接把电话打到公司来了。这下可好，还未正式上市的产品，怎么流到市场上了呢？调查很快就将矛头指向大张……

大张作为库房保管员，失信于老板，失信于公司。虽然他后来决定收手，不再贩卖公司产品了，但是那些曾经的欺瞒，都会“追赶”我们，使人不禁后悔：为何当初要做那样的决定呢？很多人没有界限，他们觉得用下别人的东西，拿点公家的物品没有什么，但是任何没有征求对方同意，就使用他人物品的，都有“偷窃”的嫌疑。试想一下，老板听说大张“拿”走库房产品，他的反应会高兴吗？

孔子曾说“与朋友交，言而有信”。大张爱老婆，怕对方生气，他认为骗她的话是“白”谎言，是善意的。但其实只要是存心不讲出事实的，都是在说谎。欺瞒无法赢得友谊。大张说是为了爱对方，其实是爱自己多一些。你愿意医生在为你宣读检查结果时隐瞒什么吗？你在被广告夸大的言辞误导后的心情会怎样？如果我们希望别人对我们百分百诚信，那就请做一个言而有信的诚信之人吧。

真诚信任

婷婷看到苗苗和红红有说有笑，心中就很不安。她担心高中同学苗苗把自己以前的“糗事”告诉好友红红。高中时，婷婷曾和同学打架，闹得沸沸扬扬，这个经历让婷婷心里有种羞耻感。后来，婷婷忍不住去质问苗苗，没想到好友红红知道后很生气。

害怕失去友谊的婷婷，由于不敢和红红讲真话，反而让红红觉得自己不被信任，因而失去了友谊。问题出在哪里呢？心理老师帮婷婷分析，因为缺乏安全感和信任感，她担心红红知道了自己的往事，就不会跟自己做朋友了。婷婷要处理错误的羞耻感，明白人都会犯错，重点是要从中吸取经验成长。唯真诚赢得友谊。

很多人把2008年的金融危机，隐喻为“信任危机”或“道德危机”。这个危机是从房地产开始的。在美国，当你想申请贷款购房时，就要评估你的信用及收入。比如开校车的詹姆士年收入不高，但贷款经纪人为了“帮”他，虚报了年收入，他就能拿到贷款购房了。詹姆士当然知道这是作假的，但“为了家人”他签字了。同样，当李姆士、罗姆士都这样做时，再加上评级机构也开始不负责任随意评级，在债券层层包装转卖的情况下，链条上的机构都低估了风险。当房价开始下跌时，次级贷款大量违约，许多金融机构资本大幅下降，雷曼兄弟破产，国际集团濒临倒闭，世界各地紧缩信贷……而首先受到冲击的是众多像詹姆士这样收入不高的购房者，由于无力偿还贷款，他们的住房将面临被银行收回的局面。

看来，小小的不诚信，就能逐渐引发金融海啸。真诚与信任，是放诸四海皆准的规律。

爱心

与人交往的第二个规律，就是有爱心。爱人如己、恒久忍耐这些爱的法则是亘古不变的，而奉行并活出“施比受更为有福”的人一定收获大量友情。

爱人如己

我们所有在相处中与他人产生的问题，其实正反映出我们与自己的关系问题。若我们是一个不喜欢自己、没有安全感的人，则在与人交往中也处处受阻。因此，与别人能处好的前提是“先与自己和好”，同时，通过分析人际关系的各种问题，也会让我们找到成长的方向。例如，婷婷因怕失去好友而想去“抓住”朋友，但结果却事与愿违。看来我们无法“控制”别人，唯一可以做的，就是改变自己。

婷婷要怎样成长呢？先与自己和好（前三条），丢弃控制和嫉妒的心：

- 接纳自己的一切（包括家庭背景、过去经历等），别人才可能接纳你；
- 原谅自己的过失，反思如何成长，如学习怒气管理、讲智慧话语等；
- 真诚地祝愿自己，相信自己的未来会更好（对自己的心说祝福的话）；
- 豁达不嫉妒，允许朋友有别的朋友，放下猜疑和控制，保持思想正面。

生命的规律告诉我们，一个人若是不珍惜自己，例如爱护自己的身体，照顾好自己的情绪，明白心中的各种渴望和需要。即使我们觉得对人爱心满满，到头来也会在自己身上受阻。而爱护自己最重要的，就是要保护好自己的心。

与此同时，爱人如己，不能只停留在自己，应当推己及人。友谊之树不能栽于自私、辖制与竞争的土壤，爱是滋润友谊的汁浆。苏拉格底说，不要靠馈赠去获得朋友。你需贡献你诚挚的爱，学会怎样用正当的方法来赢得一个人的心。一个人若想赢得友谊，可以尝试用体贴自己的方法，真诚地去关心爱护他人。

施比受更有福

《洛杉矶时报》曾报道美国加州医师陈荣良，帮助从发明家沦为流浪汉的迈克·威廉姆斯（Mike Williams），重新站起来，设计出可供流浪者和灾民居住的“移动舱”的故事。某电影公司也决定将两人的故事搬上好莱坞大荧幕。

迈克从流浪汉变回发明家确实鼓舞人心，而帮助迈克的旅美医师陈荣良，也十分令人感动。陈医师家小时候常有乞丐到家门前行乞，她的母亲常赠送饭菜，并谆谆教诲他待人应一视同仁。从小浸泡在这样“手心向下”的环境，造就了他馈赠从不会计较回报。而他最喜欢的老诗歌则是“给的比拿的更有福……”

从高雄医学院毕业后，陈荣良在美国成为泌尿科医师，在当地开了家医院，不论上门的病人是富贵还是贫贱，他都一视同仁。遇到病患开刀后付不出医药费时，陈荣良也没打算穷追猛打，常常是对方充满感激，补缴医疗费回来。

2012年8月，浑身肮脏的迈克一到医院，护士们无不掩鼻。不过，陈荣良却看出迈克谈吐不俗，几经追问，才知道他曾受过高等教育，拥有几十项发明专利，名下曾有过14间公司。更妙的是，陈荣良帮迈克开刀的激光医疗器材，正是迈克所发明，他还是全球第一部口腔手术摄影机的发明人。不幸的是，3年前迈克因投资失利破产，妻子远走高飞，他万念俱灰，沦为流浪汉，也曾萌生过自杀念头。

陈荣良鼓励60岁的迈克东山再起，还自掏腰包租套房供迈克居住。拥有发明天赋的迈克，只花了3周时间，就设计出解决流浪者和灾民住宿问题的移动舱。

陈荣良与迈克因此结下了深厚的友谊。试想一下，若没有陈医师先发出爱的呼唤，迈克的心无法被唤醒。友谊的出发点是爱，根基也是爱。爱的滋润，使友谊之花迅速开放。我们都应当来思考陈医师所奉行的理念——“施比受更有福”。

恒久忍耐

佳佳最近很苦恼，她来找心理老师，诉说不知该怎样与室友相处。她说有的脾气大，做事带着脾气；有的熬夜不睡觉，吵死人。老师提议她做个爱的器皿，爱能改变一切，可无论给她什么建议，佳佳都说用过了。她理解室友最近失恋了心情不好，她也试过给室友买东西吃，也曾让对方小点声，但通通无济于事，老师就介绍了这首爱的诗歌：

爱是恒久忍耐，又有恩慈；爱是不嫉妒；爱是不自夸，不张狂，不做害羞的事，不求自己的益处，不轻易发怒，不计算人的恶，不喜欢不义，只喜欢真理；凡事包容，凡事相信，凡事盼望，凡事忍耐，爱是永不止息。

爱的诗歌打动了佳佳，她只读到第一句就“卡”住了，“爱是恒久忍耐”。很明显，她意识到自己心里并没有爱，更谈不上忍耐。她只是在讲道理，但道理是没有办法服人的。真实的爱，要从对方的角度出发，用体谅自己的方法，去体会别人失恋的心情。当她带着爱，和颜悦色地与室友沟通后，对方立刻放低了音量。

有句话说，爱是最短的路途。很多事情，只要加上爱，情况就得以大大改观。就像陈医师和迈克的坚固友谊一样，可以超越年龄，可以超越国界，自然可以超越你所看见的一切困难。恒久忍耐的爱将“不可能”变为“可能”。

爱的诗歌也深深激励了美美和乐乐，他们希望自己在爱里成长，于是和和帮他们根据爱的诗歌做了自我检测，并帮助二人各自设立了关乎爱的成长目标。

品格高尚

请思考，当你与人互动时，因着你的出现和言行，对方所展现的是美善的部分，还是表现得更急躁、更自私、甚至开始丧失人性？其实这些都是在反映出：我们是一个怎样的人。2400年前，古希腊哲学家柏拉图说，如果你问教育到底带来什么好处，答案是简单的：教育培养好人，好人品行高尚。一个品行高尚的人，注定会产生一种影响力，在人际互动中，把对方人性中美善的本质“吸”出来。

因此，与人互动的第三个规律，就是要做一个品格高尚的人。这样的人，能关爱他人，使人看到希望，助人达成梦想；同时，他们信念端正、言语合宜、行为正当，知晓自己的尊贵，拥有沟通力、创造力和影响力，以正当方式实现自我梦想。

自我检测：我认同下述陈述吗？请省察自己的言行、动机和信念是否得当。

- 我与别人交朋友只是因为自己闷，我其实心里并不在乎朋友的需要。
- 我很有爱心，对别人的请求，我一概都会答应，努力迎合别人。
- 我是有梦想的人，现在上的课真没意思，所以上课时我常东想西想。
- 为了交到朋友，我常和父母要钱请客吃饭，但我有事，朋友却不帮我。
- 我认为偷窃是不对的，但是拿些大公司和富人的东西，应该没关系吧。
- 当我做错事时，大家都不会计较，可别人一犯错，我就立刻大发脾气。
- 我认为欺骗不是高尚的行为，但有时为了逃避惩罚，我也会说谎。
- 对那些拐卖儿童的人贩子，我只要发现，就会把他们暴打一顿。
- 若是得了传染病，我绝对不告诉人，因为那样会影响我的人际关系。
- 我常请别人代我打卡出考勤，我也会帮别人这样做，这样做朋友多。
- 我认为考试作弊不是高尚的行为，但既然大家都作弊，也不差我一个。

有目标有梦想

一个高尚的人，一定不是一个每天浑浑噩噩、虚度年华的人。他们总是可以找到成长的目标、奋斗的方向，哪怕只是从短期目标开始。

爱是凡事盼望，你是一个能够在生活琐碎中，在担心无助时，仍怀有希望的人吗？高尚的人，心系梦想，有人生情怀。他们不轻言放弃，有盼望的眼光，能坦然面对批评、失败和考验。无论在何种情况，他们都言语得体，行为正当。

助人达成梦想

高尚的人，不仅知道自己的尊贵和价值，拥有热情和梦想，同时他们也乐于在爱里帮别人挖掘潜力，是一个可以把希望带给他人的人。当心中已丧失希望的迈克遇见陈医师时，他并没有意识到，未来的朋友出现了。正如柯林斯（英）的名言，在快乐时，朋友会认识我们；在患难时，我们会认识朋友。

本不相识的陈医师使迈克“看见”了希望。通过简单的交谈，陈医师了解到迈克的背景，判断出迈克心中的热望——仍想继续发明创造来帮助人、服务社会。奉行“施比受更为有福”的陈医生知道，对人最好的帮助之一，是助其达成心中的梦想。因为，一个人生命中所特有的价值和影响力若发挥不出来，他的心始终是不会快乐的。陈医师生命中的盼望之光，照亮了迈克生命中的阴暗，迈克的潜能被触动了。不难想象，当迈克重新站起来，特别是心中的梦想达成时，二人的友谊更坚固了。看来，若想真正得到朋友的心，一定得知道朋友心中的渴望与梦想。

这个友谊建立的过程，其实是一种生命的交流。陈医师品格中的盼望、关爱和忍耐，流经到迈克的生命中，赶出失望、怠惰和放弃，从而激发和带动了迈克与生俱来的生命潜力。唯有高尚的品质，才具有带动、影响、改变他人生命的能力。

信念端正

自我检测中的每一个陈述，其实都可以指向人思想里的信念或动机。很多时候，我们都在纠结于为何自己又做了傻事？为何我不能表现得行为高尚？其实，我们也应该反思，为何当时我会有那样的想法？我的反应是否错了？

一个人所想的，就会说出来，说出来后，渐渐就会做出来。例如我们心中的抱怨、对人的不满，不会仅停留于你的思想。品格高尚的人，之所以言语合宜，行为正当，根本原因是因为他们信念端正。品格高尚的人，特别注意保守自己的思想在清洁、良善、正面的里面。而诚信、爱心、盼望这些纯正的信念若存于思想中，就会像种子一样，经过发芽、开花、生长，结出高尚的美好果实。

乐乐感慨地说："表姐，本来我觉得是陪美美来向您学习与人交往的，但现在我发现自己也很需要，这是否就是你说的错误的思想呢？"

和和说："对，更确切地说，是你的思想里有错误的价值观。例如，你认为学习"与人交往"不重要。这些错误的价值观，会左右你的思想，也自然会影响到你的态度。我建议你学习'ABC法识谎言[①]'，抓出自己思想中的错误价值观，并用诚信、爱心、高尚这些价值观取代，你的生命就开始成长。价值观端正，会直接影响到交友的质量。只要调整错误的价值观，友谊之花就会渐渐开放。"

---

① ABC法识谎言：由心理学家艾尔伯特·埃利斯（Albert Ellis）提出，其中A代表发生在你身上的事件。B代表你产生的想法，"你的价值观向你说的话"。可能是一项谎言、一项真理，或两者的混合体。C代表你的情感反应和相应采取的行动。这反应可以是从喜乐到沮丧的任何一点。方法是找出错误的B（错误的价值观），用正确的B（正确的价值观）来取代，以产生正确的反应C。

与人相处难在哪里

价值观在“吵架”？

美美：“和和姐，您提到价值观很影响人际关系，这是为什么呢？”

和和反问：“你觉得自己和别人处不好时，都有哪些原因？”

乐乐马上开口道：“个性不合”，“女孩子想法太多”。

美美反唇相讥：“男孩子什么也不懂，他们发育慢”，“习惯不同”。

和和进一步问：“当你们在争辩时，觉得仅仅是在和对方吵架吗？”

乐乐和美美互相看了一眼，谁都没有说话。

和和耐心地解释说：“我们都以为是在和对方‘吵架’，其实你们不是在针对对方，是我们各自的信念在‘吵’，或者更确切地说，是彼此的‘价值观’在‘吵架’”。

乐乐和美美边听，边思考着，他们等着和和的进一步阐述。

人与人的关系就好比两块吸铁石，有紧紧相吸之时（价值观相近），也有格格不入之处（价值观落差太大）。例如一个坦诚的人，恐怕和一个总是维护自己或不愿意打开内心的人，无法维持长久且亲密的关系。一个奉行诚信的人，也不会与满口谎言的人为伍。价值观就好像我们头脑里的审判官，帮助我们取舍和决定要交什么样的朋友。价值观差异大的两个人，无法结成坚固的友谊，除非有一方或双方愿意成长和改变。

何谓价值观

价值观包括人在心思、意志、行为及生理等各个层面所汇集的信条（理念）。就是指你在生活中的各种信念、理念，及对人事物的看法。有时候人做决定，是头脑中的一个信念独立地发挥作用，有时是彼此关联的几个信念一起发挥作用。这些信条（或称理念）就是最朴素的价值观，或称为“基础价值观”。

有句名言说:“播种行为，可以收获习惯；播种习惯，可以收获性格；播种性格，可以收获命运。”还有一句智慧语:“人种的是什么，收的就是什么。”

农民不可能种土豆，到收获季节，却期盼地里结出茄子来。种下的是什么种子，收割的就是什么果实。一个人用吵架的行为与人互动，一次、两次关系不大，但渐至多次，慢慢就有了一个吵架的习惯。当这样的习惯被反复“种”在人际关系中，他的性格中就有了一个易争闹的秉性。而这样一个性格特质一定使他的人际关系紧张，收割所谓“孤家寡人”的“后果”，即人们常说的“命运或生命状态”。

再往前推，一个人之所以有一种“行为”，是他的内在反应系统先“告诉”他的。就像吵架，是先恼在里面了（感受），于是决定回击对方，因此，反应包括了感受+决定。而继续往前推，其实是“思想”先发动了。思想“告诉”他的反应系统，“他这样对你不礼貌”“他没道理”“他不应该”，等等。所以，思想传递给反应系统，反应系统（感受+决定）带出了一个“吵架”的行为。

再究其原委，常常“潜伏”在意识和思想深层次的是一个或几个所谓评判的“法官”，亦即所谓的“价值观”。简单地讲，这些“价值观”好像“坐”在我们脑海里的法官，在人的里面评判、取舍、确立优先次序。这个过程是这样的：

价值观→思想→反应（感受+决定）→行为→习惯→性格→生命

生命公式

我们将这个成长和变化的过程，称为生命公式：

价值观→思想→反应（感受+决定）→行为→习惯→性格→生命

价值观最初被接受吸收在人的思想层面，随着生命的成长，它亦可进入人的反应、行为、习惯甚至性格的层面。例如“助人”，当一个人反复做帮助他人的行为，形成习惯，渐至成为品格时，此价值观就成了这个人的品格。他不需要每次都去思考要不要帮人，而是很自然就会带出帮助人的实际。

而对其他人，可能“助人”还只是在思想或行为的层面。所以从某种意义上讲，人的成熟是价值观逐渐落实在习惯、渐至性格的过程。此过程不是靠想、靠说，而是靠真实的生活历练。

如果是持续播种对的价值观，生命所展现的果子就是幸福、快乐、成功等，生命公式变成：

价值观→思想→反应→行为→习惯→品格→命运→幸福（成功、快乐等）

思考生命公式，我们应该摒除“命运注定”这种想法了。

一个人若想有正确的价值观，就要明白，价值观最核心的意义是基于“人是有价值的”这一命题之上的。一个人不论成绩是否优秀，是否懂得与人交往，他天生注定就是有价值的，同时，正是因为人有价值，才有能力产生改变，因为从小到大人都在成长，不成长或不改变反而是很奇怪的。有价值的人，早就被赋予了从错误价值观中改变的能力，因此，具有诚信、爱心和高尚的价值观仅仅是个选择。

人的心好像一块“田地”，因此有了“心田”一词。价值观是种子，心田里一旦播下有生命力的种子，就在孕育收获。我们今天所收获的一切，都是源于过去的“播种”。所以，如果我们在“收割”某些“人际烦恼”的同时，也从现在开始，播种一些“对的种子”，那我们也当然可以满怀信心，期盼着将来的收割。

价值体系的组成

价值体系，由基础（朴素）价值观，认知（衍生）价值观和高级价值观组成。

第一，由最为朴素的信念所组成的基础或朴素价值观。根据生命公式，这些最为朴素的信念，可能体现为一种思想，一个习惯，也可以渐渐在生活实际中形成人不同的性格。性格可以是正面积极的，例如“尊重”“关爱”“真实”“勇敢”等品格，也可以是“狂妄自大”“自私”“欺骗”“懦弱”等相反的性情。

品格不是单讲特质，确切地说是“品格力”，是一种在生活实际中活出品格的能力。有对象、有方法、有生活实际，根据前文的生命公式，它的价值属性同时存在于人的思想、反应、习惯和性情中，是基础价值观最为成熟的生命表现。

第二，衍生价值观，或称认知价值观，是对己、对人事物、对社会等的认知。它们由朴素的价值观衍生而来，是源于人里面的价值观，遇到了特定的关注对象，渐至形成对其固定的看法。例如，对人生的看法，就会发展成人生观。对世界的看法，产生世界观。此外还有金钱观、姻亲观、伦理观等。

第三，高级价值观由多个信念一同发挥作用，是一种人在生活和工作中所形成的固定模式、个人倾向、生活准则。有人把高级价值观（生活准则）称为“座右铭”，它督导着一个人的为人处世，形成这个人特定的生活模式，其中包含着与人互动的反应模式。在此，把高级价值观中符合生命发展的，称为“价值规律”。

健康的价值体系，就是由这些品格素养、正确认知和价值规律组成。如果把人比喻为一棵葡萄树，价值体系正像葡萄藤架支撑着一个人的生命，这里称为“生命的藤架”。这个生命的藤架，好像人的内在生命骨架，承载着一个人的各类信念，帮助人判断做决定。健康的生命藤架，支撑着人的内在，助人活出美好的未来。

价值规律

乐乐对高级价值观中的价值规律不太明白，和和就拿一个苹果打起比喻来：

手里握着的苹果，只要一松手，就会掉在地上。众所周知，这是牛顿的万有引力定律。那么，为何飞机不掉下来呢？因为只要引擎的马力够，飞机的速度产生足够大的空气浮力，就能克服万有引力而不掉下来。如同苹果落地遵循万有引力定律，飞机飞行遵行自己的飞行规律一样，生命的成长也在遵循着生命的规律。

例如,"物以稀为贵"代表着一般的通性，就是一种规律。再比如，"人种的是什么，收的就是什么"，就是一条典型的"因果律"。有这样的规律，"多行不义必自毙"，也自然成了对人的警示。那些奉行"只要我愿意，有什么不可以"的人，在这样的价值规律下，会"处处碰壁"。

与人相处，看似有很多奥秘和技巧，其实蕴含着很多有关人际相处的规律。人的座右铭有的是社会性的，而有的则是反社会性的。高级价值观中那些具有社会性，符合生命发展的，就称为价值规律。而价值规律在人际互动中的体现，又称为"互动规律"。互动规律是生命规律在人际互动中的统称，常见的互动规律有：

- 黄金法则：你希望别人怎样待你，你也要怎样待别人。
- 忍一时风平浪静，退一步海阔天空，豁达的人朋友多。
- 每个人都是有价值的，是尊贵独特的，要彼此尊重和珍惜。
- 你手中若有行善的力量，不要推辞，但不要为生人作担保。
- 长存感恩的心，友谊之树有感激来滋养，才会枝繁叶茂。
- 犯了错误，要及时道歉；当面的责备强如背地的爱情。
- 爱能化解一切的冤仇。心中有爱，才会人见人爱。

价值体系与友谊

乐乐忍不住问:“这些价值观和友谊有什么关系呀?”

和和回答说:“当然有关系了，前面提到的诚信、爱心都是对的价值观。根据生命公式，正确的价值观，产生有生命力的思想，带出健康的反应，从而导致对的行为。错误的价值观（例如婷婷觉得红红知道她的过去，就不会和她做朋友了），会产生错误的反应（担心不安）和行为（质问苗苗），就会伤害友谊。”

请问，两个“好人”遇到一起，是否一定能相处得好?

乐乐和美美分别想到争吵不休的父母和亲戚，不禁陷入了沉思。

观察很多夫妻，或身边的朋友，我们不禁为他们的关系而焦急：都是所谓的好人，但为什么相处不好呢？如果你分析一下，就会发现他们对人、事、物的看法（价值观）存在差异，所以长期处于“沟”而不“通”的局面，同时，因着认知观的不同，导致他们在内在动机、情绪感受、沟通表达等方面都存在差异。

还有，他们对价值体系第三个层面中的人际互动规律缺乏认知。在与人互动中，他们往往是根据各自成长过程中，耳濡目染所形成的个人喜好在与人交往，却没有思考，我的个人生活准则是否有助于人际关系？是有生命力的吗?

无可否认的是，即便双方具有相近的价值观，也可能会相处不好。例如，一方信奉“唯我独尊”，另一方信奉“自私自利”，虽有理念交集，但都是不符合生命发展的人际互动规律（价值规律），这种关系，也无法产生真正意义的友谊。

友谊必须根基于有生命力的价值规律，如“黄金法则”；同时，双方要在价值体系的多个方面彼此认同；再者，若想成为知己，双方都要愿意调整错误的价值观，能彼此指正，共同进步。总之，价值体系极深地影响着友谊的进程和质量。

与人相处并不难

若是你了解友谊的基础是价值观相近且有生命力，友谊的动力是双方都愿意成长改变，那么，你就开始进入“与人交往，得心应手”的实际了。

有生命力的价值观，在价值体系的三个层面的具体体现为：好的品格、正确的认知观以及价值规律。与之相对应的，即必须规避的，则是败坏的性格属性、错误的认知、不健康的偏好，及违反社会性（反人类）的座右铭。不健康的信条并非是一成不变的，重点是我们这个人是否愿意改变，这也正是价值观与口号的区别。

许多人一听价值观，就以为是一种“假、大、空”的口号，不自然地，就起了些逆反心理。其实价值观是种子，根据生命公式，种子是要发芽、开花、结果的。没人能否定一颗种子所具有的强大生命力，只要不离开土壤，遇到合适的机会（阳光、水分），自然就会生长。“生活”就是那个“土壤”。价值观应用在生活互动中所产生的生活技能，正是与人相处可以得心应手所必备的生活能力。

很多人都希望自己有魅力，殊不知个人魅力正是来源于价值体系，体现为外在的各种生活技能。而最妙的是，魅力的根源，是人类具有反思和改变的能力。

把握这些生活技能背后的价值观，在生活中认真习练得通达，会使我们与人相处得心应手。看来，与人相处并没有那么难。和和在此介绍了自己的几个心得：

- 想深交的朋友，不仅要表现为诚信可靠，还要是一个愿意改变的人；
- 年轻人谈恋爱，要找Good Nature之人，他们本质好、朴素、价值观端正；
- 要想了解一个人，要多“听听”他的思想，因为思想表达了其价值观；
- 谈恋爱不能仅是“卿卿我我”，要谈些未来的打算，体会对方的动机；
- 终身成长的核心，不是别人要改变，而是自己的价值观体系要持续更新。

友谊的哲学

友谊的基础——健康活泼的价值观

很明显，两个人的关系，若是缺乏诚信，不讲爱心，不注重行为得体，是根本无法建立起来的。因此，讲诚信、有爱心，以及一系列围绕品格高尚的健康价值观是培育友谊之树的汁浆。若是没有这样的信条支撑，友谊之树会随时倒塌。

活泼的价值观一定是处于一种随时被更新的状态，友谊双方要心态柔软，愿意随时被调整。同时，价值观之所以活泼，因为它不能离开生活这个土壤。正是在生活中，我们与朋友有和睦愉快之时，也有争执冲突之时，而价值观有差异并非是件坏事情，唯有意识到了这点，并且愿意道歉、沟通和改变，才能使友谊长存。

友谊的本质——增加对方的价值感

若是用心观察友谊是如何产生的，并细心体会友谊是如何加深的，你就会同意，友谊的本质是增加他人的价值感。对方在与你的相处中，感受到了存在感和价值观。而能增加朋友价值感的人，一定是像陈医师这样对自身价值有认识的人。

陈医师信奉施比受更有福，他在日常生活中，借着行医帮助别人，从而一直在发挥着自己的价值。当流浪汉迈克遇见陈医师后，不仅身体被医治，他还找回了自己的存在价值，原本具有的创意价值也被重新挖掘出来了。看来，友谊的过程应该是双方的价值被认知和提升的过程，其产生与发展的本质在乎价值感的提升。

友谊的核心——逐步建立起信任感

很多方法都可以助人开始友谊，例如通过交谈、别人介绍、共同做事等。但如何发展友谊呢？请你切记：在与人互动的过程中，各种方法仅是工具，友谊的核心，是培育信任感。随着信任感的加强，友谊就逐步加深，逐渐发展起来。

影片欣赏——《实习生》

《实习生》（*Intern*）描述了年近70的本杰明（Robert De Niro饰），这位曾经精明强干，事业有成的商人，在退休后感到孤独无聊，最后决定重返职场，成为年轻的朱利安（Anne Hathaway饰）手下的一名实习生的故事。

朱利安年纪虽轻，却是一家著名时尚购物网站的创办人，为了事业，她牺牲了自己全部的业余时间和感情生活。这份事业带给朱利安无比的荣誉感，也同时成为她肩上沉重的负担。更糟的是，公司董事会已经开始怀疑，朱利安是否能够继续胜任她目前的职位。起初，朱利安并没有将年迈又落伍的本杰明放在眼里，然而，随着时间的推移，这位慈祥的长者渐渐成为她生活中和工作上最为真挚的友人。

影片《实习生》虽然主要描述的是员工与老板的关系，但里面处处演绎着现实生活中人与人交往的故事，涉及的关系包含同事之间、男女交往、长者与后辈，上级与下级，亲情与爱情等，是一部研究人际关系的好教材。特别是其中有关信任感的建立，让人颇受启发。(以实习生本杰明取得老板朱利安的信任为主线)

初识：主动向老板申请工作，做好不起眼的杂事，处处给老板留下好印象；

普友：观察老板的需要，适时鼓励，陪老板加班，使其有被支持的信任感；

知已：聆听老板诉苦，解决老板头疼之事，成为关键时被需要的可信之人；

密友：辅导濒临危机的婚姻，助老板全面成功，不仅信任，老板反被影响。

友谊的秘密——七个必知的关系秘诀

实习生本杰明（简称本）这个人物，从与人偶遇初识开始，经历普通朋友、知己，最后进入亲密朋友的阶段，信任感一步步被建立起来，最后连老板都反过来被他影响，愿意改变原有的生活模式，也来学习打拳陶冶性情，成为对老板说话有巨大影响力的人。分析本的人物特征，让我们不知不觉抓出友谊的秘密。

1　豁达不自私：曾做过副总裁的他，心胸豁达，愿意为老板送洗衣物，把乱七八糟的桌子收拾干净，还代替无法出车的司机，甚至无加班费陪伴老板加班。

2　快乐做自己：70岁的人混在年轻人的公司，毫无自卑感，努力为公司做贡献，发挥自己的价值，并持续学习新东西，有自己享受的业余爱好（打拳）。

3　充满人情味：老板焦急他鼓励，老板担心他谏言，老板紧张他幽默诙谐。他还凭爱心安慰老板的女儿，你该注意到，没到公司多久，所有的同事都喜欢他。

4　善沟通倾听：处处鼓励同事和老板，当很有想法的老板向他诉苦时，他只是倾听，不发表意见。他也能做心理辅导，帮助朱利安走出挫败，重塑婚姻关系。

5　有智慧界限：与女老板进行私密谈话时，不越轨；被重用后，不洋洋得意；他话语正面，行为得体，懂得界限，知道什么时候该停，什么时候该前进。

6　有情绪智慧：适时与老板的家人和熟人互动、不仅自己情绪平稳，还鼓励大家都做情绪的主人。他很有智慧，适时帮助男同事在对的时间巧妙追到女友。

7　友谊四阶段：从初识、一般朋友、知己到密友，他每个友谊的阶段都走得很扎实。一步一步地，他与年轻的女老板建立起深厚的友谊。

看到本，你就会想到个人魅力，一位70岁的实习生，自然地成为老板的密友。上述这七个特质，就是那些希望赢得友谊之人的成长目标。

与人相处得心应手的七个秘诀

最后，和和眨眨眼睛，带着神秘的笑容说：“请记住这七个秘诀。若把这七个秘诀习练得通达，我看在与人相处中，基本上可以得心应手了。”

在乐乐和美美迫不及待地注视之下，和和倾囊相授：

- 豁达不自私
- 快乐做自己
- 人性化魅力
- 双向性沟通
- 爱里有界限
- 情绪的主人
- 四阶赢友谊

奥斯特洛夫斯基曾说：“人的生活都需要友谊，但获得真正的友谊却并不容易。它需要用真诚去播种，用热情去灌溉，用原则去培养，用谅解去护理。”让我们用这句话彼此勉励，一起开始这七个秘诀的探寻。

本章思考与练习

1. 品格的成长

人的成长包括外在身体的长大和品格力的养成。品格的养成就是一个价值观体系被更新，个人心灵成长和成熟的过程。如：懒惰变勤奋，粗暴成谦和，固执成长为柔软，还有呢？请填空，找出下述品格的成长目标。

讽刺——（　　）　　怨恨——（　　）　　（　　）——喜乐

自私——（　　）　　轻视——（　　）　　（　　）——尽责

说谎——（　　）　　随便——（　　）　　放弃——（　　）

2. 请写出生命公式，并阐述其含义。

3. 你怎样理解价值观？请写出价值体系的三个层面。

4. 请根据有关诚信、爱心和高尚的自我检测题，为自己在这三方面各列出两个成长目标（一共6个）。

Part 2

豁达不自私

引子 小张和小王的故事

小张和小王，二人结伴旅游。小张喜欢水上项目，就把旅途都加入游艇、划艇、泛舟等环节。小王却偏爱美食，处处以名家小吃为落脚点，二人发生了冲突，最后不欢而散。

三年后，一位资深的旅游经理告诉小张，其实划船和美食店并不冲突，很多景点同时有水上项目和精美餐点。另外一位朋友告诉小王，其实，选择轮渡出海，又可以看风景，船上预备了各种丰富美食，可以一边品着美味，一边坐在船上看风景。

小张和小王又开始彼此思念起来，毕竟是多年的好友啊……

这是和和讲的第一个故事。她告诉乐乐和美美说，“小张和小王是我的同班同学，他们大学四年从相识到结为密友，可以说形影不离。毕业那年，两人商量好一起出去旅游。本想着将来可能天各一方，要把握时间，一起结伴出去看看外面的世界，同时加增二人的友谊。但遗憾的是，他们不欢而散了，四年的友谊付之东流。听说毕业三年后，他们都在思念对方。”

知识经验需要积累

小张和小王的关系卡在哪里？一个坚持要水上项目，一个喜欢美食，当年不

欢而散是因为二人都觉得无解了，大家都已经尽力了。但是时隔仅三年，二人都从其他人那里了解到，其实两件事情是可以同时做的。

我们的知识和经验是随着阅历一直改变的。当年觉得没有办法的，可能事后或随着阅历的增加发现又是可行的。因此，在与人互动中，切莫太固执，保持友谊及良好的关系永远是第一位的。只要与原则没有冲突，其他的因素都可以调整或等待。

利益“双赢”是智慧

不仅知识和经验经过生活的历练可以增加，我们的智慧也会增加。智慧是指价值体系中的高级价值观——个人的生活准则，是生活的结晶，也在指导着人与外界的各种互动。

“双赢”的概念原本来自于商界，讲求在满足我方销售（经济）利益的同时，也应当满足客户的利益，达到双方同时获利的状态。双赢把商界的竞争，化成如友情般的互利互惠关系，这样一个概念，也逐渐从商家关系，应用到地区关系乃至国家关系。在这里，我们把它应用于人际关系。

与人互动中“双赢”是一种智慧，它不是指在关系中利用他人使自己获得益处，而是指在关系中彼此满足、彼此需要、彼此支持。

豁达是好友相处的秘决

不但知识经验和智慧要增加，心胸也要持续扩大。我们的心好像一块田地，心有多宽，承受的就有多多。一块地里种上庄稼，来年就有收获。地越大，来年收获的就越多。

豁达是描述心胸宽大的最好状态，它包括在爱心的里面。以小张和小王的故事来看，豁达的人应具备下述特点。

- 豁达的人，不自私。不仅看到自己的需要，也看到别人的需要。
- 豁达的人，不固执。可以放下自己的意见。
- 豁达的人，有智慧。学习用双赢的模式进行思考。
- 豁达的人，友善求同。不强调不同点，总看相同点。

和和的总结：小张和小王，带给我们很多人际互动的启示。开始交朋友，我们多专注于自我的需要。逐渐地，我们增加了阅历，摸索了一些智慧的生活准则，例如双赢。更重要的是，我们要一直调整我们的心态，具有一颗豁达的心，不能总强调不同点，要多强调相同点，那是与人相处的秘诀。

豁达的心

乐乐说："人就是这样麻烦！你看我就有没关系，不像他们，去哪里，玩什么都行，吃什么都可以，这个就叫豁达！"

和和笑笑说："那我问你两个问题，你和美美来思考一下怎样？"

问题1：一间宿舍里有6名同一专业的同学。学校突然宣布，要在全专业选拔一些同学成立一个"快班"，你们宿舍只能从6名同学选1名参加。每个人都想被选上，如果佳佳被选上了，你没被选上，你会怎么想？

乐乐挠挠头："哦，那我其实心里还是会有些不舒服。"

问题2：班上举行跳绳比赛，规定两人一组，班长排名单"累坏了"。菲菲不要和红红，想和学习委员婷婷一组。娜娜看自己和芳芳排在一组，觉得芳芳跳得太慢，要求班长换人。菲菲要婷婷利用自己是班干部的身份，私下找班长做"内部解决"……今天你是班长，你该怎么办？

美美说："我的头可能都要被她们搞爆了。"

豁达是心态上的选择

一个人是否豁达，在乎内心是否宽广且正面。心田越宽阔，可以承载的东西就越多，可以容纳的人就越多。人有不同类型，有些人脾气急，有些人反应慢，还有的人不善言辞，常常沉默以对。如果每个人都要照我们的意思说话，按我们的方式办事，可能我们的心里容不下几个人。

豁达的基本意思，就是可以包容事物或人的多样性和复杂性。它并非讲一个人没有主见，即人们常说的“老好人”。豁达的人，完全可以有自己丰富的见解，以及对事情看法的不同角度。但是，豁达的人虽有意见，却可包容；虽有看法，仍能欣赏。即使遇到了挫折和拒绝，也总可以找出一个可以接纳的角度，从而使心里可以放下此事。

豁达，就是把别人的不完全和不完美，用宽容的、可以理解的角度去解释，以至于可以不受对方的影响，不产生情绪低落或极端的对抗心理。豁达的人，并非圣人，他愿意用高尚的行为，去对待不平、挑衅和不满，并且依然使自己有旺盛的热情，做自己该做的事。豁达的心态，是高尚之人的一种选择。

豁达的表现

把豁达看成是一种情操是不全面的，它实在是一种彻头彻尾的生活能力。

1. 豁达在生活中表现为不嫉妒、不排斥、不嘀咕，谨慎乐观

刚才的第一个问题，实际发生的情况是：

当结果公布出来，娜娜被选中了，她高兴地跳起来，但是她很快发现全宿舍的人，都不和她说话了。她找到班主任，诉说自己心中的苦楚。有同学第二天对她皱着眉头，好像很生气的样子，拒绝和她说话；另一位同学显得完全不在乎，但对这个结果根本不愿多听；还有两个同学背后嘀咕她，说她其实没那么好……娜娜很困惑。

同宿舍的同学，也许是心里感到不平，学校竟不知道自己更努力；也许是出于嫉妒，以致怒目相向或背后嘀咕。“嫉妒”就是认为机会只有一个，别人抢先自已就没有了，本质是不相信自己。“豁达”正相反：“没有给我的可能我不需要；如果需要，我努力也同样会有。”心有多大，承受的祝福就有多多。学习为别人的好事祝福，与快乐的人一同快乐是豁达。豁达是不嫉妒，不排斥。

那位不在乎，觉得“有什么了不起？”的同学，其态度也是不可取的，因为她轻忽了自己的价值。机会只留给那些预备好了的人。豁达的态度，应该是在乎，但允许别人先拿到，同时自己也努力。豁达的人在乎人与人的关系，不排斥那些比自己优秀的人。

班主任给了娜娜一些辅导，建议她要拥有的态度是乐观但谨慎。应当乐观，因为自己的付出得到了肯定；但也需有谨慎的态度，因为不在乎一时，乃在乎一世。豁达的人，对于“是否一定拥有”看得开，放得下；对已经拥有的，感恩和高兴，但不过于“狂喜”，更不会因此轻看别人；对于别人的嫉妒和不理解，该处理的处理，并可以完全释怀，继续快乐地生活。

2. 豁达表现在可以分享荣誉

有限的资源，特定的条件，造就了一种成功，也应造就我们生命的成熟。娜娜在专业上被肯定了，她被选进了快班，但是，在生命上她也需要成熟。不仅要希望专业成功，同时也要留意态度，成熟与成功同样重要。

当然，班主任也了解娜娜的心。但豁达的人可以包容别人对自己的不恭和嫉妒。娜娜不能因此也不理大家了；她要学会忍耐，在合适的机会，不卑不亢地接近那些嫉妒和排斥自己的人，用实际行动感谢她们平时对自己的帮助。半年后，学校得到资助，决定再建两个新实验室，因此需要再选拔两个快班出来。娜娜努力帮助同宿舍的同学预备考试，结果她们宿舍又被选上了几个。

3. 豁达表现在不自私，尊重他人

豁达的人学习拥有自己的态度，了解别人的态度可能和自己的不一样。豁达的人也能看到态度会带来的后果，以及自己要如何为这些后果负责任。例如，自私的态度可能是“别人的存在是为了满足我的需求”，而不是“我在团体中，每个人的需要都和我的需要一样重要”。自私的态度注定会导致人际关系的紧张。

小王和小张的故事告诉我们，豁达的人是一个不自私的人。别人和我们表达不同意见时，并非一定在针对我们这个人。豁达的人，尊重别人的喜好和观点。

4. 豁达表现在勇于面对失败，接受挑战

有一份调查卷发给了几百位美国非常成功的人士，问卷题目很简单，你认为今天你获得成功的第一要素是什么？有人可能会猜勤奋，有人说家庭条件好，有人说命（运气）好，有人说会做生意……其实那个调查的结果显示，成功的第一要诀是“如何面对失败”。

豁达的人，心胸宽大，不光可以包容别人的失败，也能接纳自己的失败。豁达的心，可以接受挑战，在心态和认知上，他们都会把失败当作成功的踏脚石。

人之幸福在乎选择

自由意志使人可以选择

现代资讯之发达，使人无法将选择归因于自己的无知。教育环境的改善，也使原本少数人群掌握的知识，借着网络媒体迅速传到世界很多地方。每个人几乎都可以根据自己的兴趣和爱好选择专业，也可以根据老一辈的经验谈，选择如何面对当今的生活。人们可以自由地选择自己的生活方式，同时，对人对己对事的态度，也是可以根据自己的标准、认知来自主选择的。

不过，生活的经验告诉我们，无论我们怎么选，结果都是我们必须要承担和面对的。如果我们选择遵循那些使生命成长的价值规律来生活，我们这个人的价值就在增加，兴趣和爱好如果可以与正确的价值观结合起来，我们的生活就会有目标和方向。

诸多的选择里，只有一项是无法选择的，就是选择封闭自己。无论怎样逃避，人与人是一定需要互动的。把自己关在一个不和人接触的环境里，以期生命得以建造，那一定是不可能的。人因着有自由意志，自发地就在选择一切。

幸福感

幸福感是个体使命感、成熟度、建造力，以及带有芬芳气息的品格力的综合体现。其表现为个体在主观上会否在个人成就、家人认可、生活品质、人际互动、才干展现、休闲喜好及自我形象等方面，有安全感和自我满足感（或满意度）。

幸福感是很直接的主观感受，因此个人的心态、价值标准等往往决定了主体是否满意满足，是否感到安全和快乐。在这样一个主观感受方面，个人的选择完全是决定性的因素。

幸福在自己手中

有人说，我们一天会做几千次的选择，去哪里吃饭是选择，上班走哪条路是选择，怎样回答别人的询问也是选择。每天穿的衣服，是否花费，还有每天活着的心态都在我们的选择范畴之内。

人实际的生活状态是选择加承受，亦即根据个人喜好选择，在价值规律中承受。如果我们换一个角度，幸福就是选择了那些有利于生命规律的方式和心态，智慧就是选择有利于我们未来是幸福快乐的决定。

别人不会为我们自己的选择埋单，幸福握在我们自己的手中。就像许多经过多年为名为利打拼的人，会告诉你他们的心路历程：人生最大的幸福，莫过于与亲朋在一起；人生最大的财富，莫过于拥有健康的身体。

若是我们开始明了，每天我们都不知不觉在做很多的选择，而一生的幸福又取决于几个或几十个关键性的选择，我们是否应当思考我们是如何做决定的？我们平常都是怎样选择的呢？哪些重点会帮助我们做出那些符合生命规律的选择呢？

选择祝福他人

幸福感的一部分来源于内心的安全感，或称之为“心内的平安”。这份平安与我们的心是否记恨别人，是否因着过去的事持续地内疚或伤心……都有着千丝万缕的关系。爱是不做害羞的事，不计算人家的恶，凡事包容。

看见一个令自己伤心或失望的人，我们会失掉那个原本在我们内心的平安，似乎我们的心被搅动了。我们任由这份搅动或自然或不自然地发生在我们的心中，影响我们的幸福，抑或是选择饶恕？我们都曾试过选择报复，比如在更多的人面前说那人不好，但我们的内心依然无法完全平复下来。

饶恕别人就是释放自己

铭恩告诉和和，当他在辅导老师面前说出“我愿意饶恕我的女朋友和她的父母，也饶恕公安局的那个人……”时，他心中一直压着的一块大石头好像瞬间被挪开了，他说:“我感受到了一种轻松，心里有种莫名的快乐!”

饶恕就是不再计较，不再仇视对方，或继续思考做什么来报复对方，或是希望对方最好遇见倒霉的事。

乐乐问:“那不是便宜对方了?”

其实不然,“饶恕就是最好的报仇”。因为无论对方做了什么，铭恩才是真正的承受方。铭恩选择豁达，愿意饶恕，其实是释放了自己的心。当时，辅导老师看到铭恩轻松了，就进一步地问他:“你还想要更多的快乐吗?”

乐乐忍不住插嘴:“那是什么?”

和和顿了顿，眨眨眼睛，神秘地说:“还要加倍地祝福。”

还要加倍地祝福

“什么？不光饶恕，还要给他们祝福？这太不公平了吧?”乐乐撅起了嘴巴。

和和说:“很多时候，生命成长的规律并不是我们头脑分析里能够明白的，要做了之后才知道。”

铭恩很勇敢，他说他愿意选择祝福，他祝福那位干部以后更有智慧处理此类事情，也祝福他以前的女友一切顺利，找到更好的男朋友。事后证明，铭恩得到了释放，而且开始了新的生活，他不再纠结于过去的“失败”，变得自尊起来，自信而喜乐。

豁达的心从祝福开始

古时，一位渔夫向智者讨教:“我的朋友得罪我，我要饶恕他几次？七次应该够了吧?”智者回答他:“七十个七次。”

你若以为智者在说490次，那就大错特错了。“七”在古代代表完满和完全，七十个七次就是无限次的意思。每一次，无论朋友对我们做了什么，我们都选择饶恕；如果一件事对我们的伤害极深，虽然我们已经饶恕了，可能不久又想起来了，就再饶恕一次，直到我们的心完全平安为止。

不光选择饶恕，不去咒诅，还要加倍地祝福。和和有几个女友前前后后都遇到过丈夫有外遇的事情，和和不仅教她们饶恕先生，也教她们祝福那些第三者。一开始每一位都咬牙切齿，本来恨不得撕碎对方，但是有两三位后来心软下来了，随即把一切的好处都祝福给对方。结果，有的先生突然就回心转意；有的和先生离婚，后来又找到相爱的人，没有带着以前的创伤走进新的婚姻。

当然，饶恕和祝福，与我们先发泄自己的不满是不冲突的。我们的情绪需要被抒发出来，我们可以说“我实在讨厌他，不想理他……”，但最后“我还是选择饶恕他，祝福他，因为我要开始美好的生活”。

豁达的人是可以选择饶恕，选择祝福的。他们不计算别人的恶，不喜欢不义，只喜欢真理。豁达的心，是一颗祝福的心，无论怎样，都希望朋友好，无论对方如何待自己，都选择祝福对方。

你现在有什么人存在心里，你觉得很气他，不想放过他吗？你的心中是否也有一些彼此关爱的亲朋，你希望他们成功、健康、快乐呢？无论是哪一类，来祝福他们吧：

“我愿意祝福____________（人的名字）”，豁达从祝福开始。

选择感恩与快乐

美美说，自己心里倒是没有什么气别人或不饶恕的，不过考完大学后，总觉得现在录取的专业不理想。自己在高中从来都是前几名，可是高考时发挥不太好，所以考得不是很理想。

和和回答说："我们也要选择饶恕和祝福自己呀！事情已经发生了，只要尽力就好，除了选择祝福自己外，感恩与快乐也是一个智慧的选择！"

快乐是个选择

快乐是隐藏在每个人心里的源泉，只要你寻找，它就会从心里流到外面，带人看见外面的快乐。

一个国王总是觉得不开心、不满足，于是决定离开皇宫，寻找快乐。他走了很多地方，遇到很多人；有的告诉他有钱就会很快乐，有的告诉他有权就会很快乐……国王都摇摇头："这些我都有，可还是不快乐。"

有一天，他走过一片稻田，看见一个农夫一边唱歌一边锄草，很快乐的样子。国王走上前去，发现农夫竟然没有鞋子穿，他很吃惊："你连鞋子都没有，怎么还这么高兴啊？"

农夫笑笑："那有什么关系？你看我的稻子长得多好，我今年一定可以有个好收成。等到了秋天，我就可以卖好多钱了，不就有鞋子了吗?”

“可，你现在什么都没有啊!”

“我有这么一大片田地啊，还有我种的稻子，他们就像我的孩子一样陪着我，听我唱歌，和我说话，多好啊!”

“那你一定很快乐了?”

“是啊! 看着我有的东西，我觉得我很富足，所以很快乐。”

国王看了看农夫笑意盎然的脸，又望了望郁郁葱葱的稻田，唱着歌上路了。

看来盼望带给人快乐，珍惜已经拥有的就会看到希望，而看到希望就会“看见”快乐。国王领会到了农夫的奥秘，他也看出是自己的感受在拦阻他经历快乐，虽然他拥有很多。快乐就是享受现在已经拥有的一切，并看到盼望。快乐实在是每个人自己的选择，只要愿意，快乐就会存留的久一点，多一点。

豁达是选择感恩

曾经有两个很要好的朋友一起在沙漠中行走。在途中不知道什么原因，他们吵了一架，其中一个打了另个人一巴掌。挨打的那个人很伤心，于是他就在沙里写道:“今天我的朋友打了我一巴掌。”写完后他们继续行走。他们来到一块沼泽地里，那个人不小心踩到沼泽里面，这次他的朋友拼了命把他救出来，他很高兴，于是拿了一块石头，在上面写道:“今天我的朋友救了我一命。”

他的朋友一头雾水，问他:“为什么我打了你一巴掌，你把它写在沙里，而我救了你一命，你把它刻在石头上呢?”那个人笑答:“当别人对我有误会，或者有什么对我不好的事，就应该把它记在最容易遗忘的地方，由风负责把它抹掉。而当朋友有恩于我，或者对我很好的话，就应该把它记在最不容易消失的地方，任凭风吹雨打也忘不了。”

我们应当常常记得别人的恩情，忘掉朋友无意的伤害。而非反过来。例如100件事中，别人有99件都对我们很好，只有1件没有做好，我们所念念不忘的，就是那1件。豁达的人，选择忘记别人的过失，单单体会别人对我们好的部分，记在心里，感恩以待，长怀感恩之心。

每天选择三件感恩的事

据说美国总统罗斯福曾有一次家中失窃，被偷去了许多东西，一位朋友闻讯后，忙写信安慰他。罗斯福在回信中写道："亲爱的朋友，谢谢你来信安慰我，我现在很好，感谢上帝：因为第一，贼偷去的是我的东西，而没有伤害我的生命；第二，贼只偷去我部分东西，而不是全部；第三，最值得庆幸的是，做贼的是他，而不是我。"对任何一个人来说，失窃绝对是不幸的事，而罗斯福却找出了值得感恩的三条理由。

听到这里，美美不禁感叹："豁达之人常可以看到感恩之处。以后我也要每天选三件事来感恩，渐渐地，我相信自己会成为一个感恩之人。"

管住自己的思想

豁达的人之所以有宽阔之心，归根究底是因为他们管住了自己的思想。思想是吸收价值观的第一道防线，吸收正面的、有分辨力的，就会根据生命公式产生良好的反应和作为。这一小节，我们来讨论豁达者所具备的有代表意义的价值观，学习用价值观管住自己的思想。

原来是件好事情

从前有个国王非常好打猎，他也喜欢邀朋友与他一起打猎。一次，国王邀好友阿蒙随驾打猎。阿蒙非常兴奋，但不小心枪走火，打中了国王。万幸的是，没有大碍，只打断了国王的大拇指。国王非常生气，就把阿蒙关进了监牢。

很快，国王就忘掉了阿蒙。又一次，他带着队伍远猎。行猎过程中国王因追赶猎物，异常兴奋，冲到队伍前面，把大家远远甩到后面。骑马飞奔的国王，不知不觉越过了边界，不幸被山里的土著逮住了。土著人凶狠野蛮，他们会以人献祭，并将祭物蒸熟吃掉。

国王顿时觉得一切都完了。但是当土著扒光了国王的衣服准备献祭时，他们突然停下了，盯着国王缺了拇指的手。原来此族有规矩，献给神灵的要一切完美。他们决定不吃国王了，并把他给放了，因为他缺少大拇指。国王看着拇指，想起了好友阿蒙："原来这是一个好事情啊！"

国王回到国中，第一件事就是冲到监狱去看阿蒙，他大声说:“对不住啊，事情发生时，我很生你的气，还把你关在监里这么久，但这原来是个好事情啊!”接着就把自己获救的经历讲给阿蒙听。阿蒙听完，赶紧对国王说:“陛下，不要觉得关押了我是坏事情。”国王非常诧异，而阿蒙继续说道:“若我没被关在这里，而随你出猎的话，那被献祭和蒸食的，不就是我了吗?原来真是件好事情啊!”

生活中有很多事情，在当时我们气恼、怨恨、纠结，但是时过境迁，我们却常可渐渐体会到其中的美意，原来上天的安排是如此巧妙。如同之前那些愿意选择饶恕的朋友，开始他们都在感叹遇人不淑，但正是这些“苦难”带给他们的生命以极大的祝福。难怪有人说，苦难是化了妆的祝福!

其实是件小事情

春秋时，有一位国君楚庄王，此君深谋远虑、性情豁达。一天，楚庄王大宴群臣。群臣开怀畅饮，直饮到日落西山。楚庄王酒兴正浓，便吩咐一旁的妃子给群臣斟酒。突然一阵大风刮来，吹灭了殿中的蜡烛。有位喝得晕晕乎乎的大臣，糊里糊涂拉住了妃子的袖子。妃子慌忙挣扎躲避，慌乱中扯断了大臣的冠缨，并报告给楚王。豁达的楚庄王听后，竟下令让群臣把冠缨都扯掉，然后让宫女们重新点亮蜡烛，继续痛饮，调戏妃子的事情就好像没有发生一样。

此后不久，楚国与敌国发生战争，楚军大败，楚庄王不幸身陷重围。危急关头，一员猛将舍命冲杀，保护楚庄王突出重围。脱险后，楚庄王要重赏这员猛将，可他却伏地泣告："当日调戏妃子乃我酒后糊涂所为，我以为必死，幸得楚王豁达大度，灭烛绝缨，饶恕于我，我怎能不拼死报君王之恩?"楚庄王以博大的胸襟宽容臣下，其实也救了自己一命。

楚庄王的故事正应验了人际关系的黄金律——你用什么量器量给别人，别人也用什么量器量给你。我们希望别人待我们宽广有礼，我们平常也要豁达以待。自己希望犯错之后，大家可以大度宽容不计较，那自己平时呢，有没有揪住别人的过错不放?

生活中有很多的事，怎样看待常常决定了我们的命运。很多事都是可大可小的，楚庄王本可认为下属不尊重自己，但他智慧地遮掩了别人的过错，以豁达为自己"铺平"了前方的道路。若大家都有楚庄王的胸怀，大事化没事，很多结果会大大相反。

随便翻开报章，大大小小的纠纷，处处体现了人心里的不服，往往各执一词，互不相让，有时还因一些小事搞出人命来。例如，宁波某人经过张姓家人门口时，被看门狗咬伤。其同乡聚集张家为其出气，最后狗咬人小事变成袭警大事一件。另有一人在某餐厅争夺座位，最后与人大打出手，还找人蓄意放火烧了餐厅，以致触犯法律……

犯了罪，法律自然决不姑息。做事当中，我们也当有追求完美的认真态度。唯有对人，我们要有豁达之心，古人智慧“忍一时风平浪静，退一步海阔天空”。首先，不要轻易与人产生“对立”。若已有不满产生，应克制自己，不要轻易将“对立”转化为“冲突”。与人互动时，应避免不依不饶，要宽广、能忍耐、放得下、看得开。总之，面对困难或发生意外情况时，我们应当常常告诫自己，“这其实是个小事情”。

詹姆士说，每次想到要去面对那么多抱怨的客户，一早起来，他的心就会缩起来，不想上班。有一天，妈妈看着他睡眼惺忪的样子，笑着说：“看到你5岁时，就可以轻松摆平淘气的表哥，我就知道你合适干这一行。”詹姆士是一家百货公司客服部的经理，他有着格外的耐心和智慧，虽然他看来很胜任，但谁也不知道，在他内心总有“好像干不久”的感觉。而母亲的话，使他恍然悟到：原来这其实是个小事情。

豁达表现在将困难和问题最小化。这种人生态度所带出来的核心生活能力就是把事情的困难度、实施度变到自己可以轻松处理和掌握的程度。“把作业本送给生病的菲菲，无非我再走15分钟，小事情”，“和敏敏道个歉，就是一个电话，然后我们就是朋友了”。这样的心态是心灵强健的体现，管住了思想，就管理了人生。

我有我的价值

1969年7月16日，美国阿波罗11号飞船首次把人送上月球。飞船上载有阿姆斯特朗、科林斯、奥尔德林3名航天员。经过近76小时飞行，7月21日2时56分，阿姆斯特朗将左脚踏到月球上，成为世界上第一个踏上月球的人。19分钟后，奥尔德林跟着也踏上了月球。而科林斯则驾驶着返回舱在环月轨道上等待返航。

阿姆斯特朗在迈上月球时，因一句“我个人迈出了一小步，人类却迈出了一大步”的善美之言而家喻户晓。但一同登月的奥尔德林却少有人知道。在庆祝登月成功的记者招待会上，有一位记者对奥尔德林提出了一个很尖锐的问题:“你作为同行者，而成为登上月球第一人的却是阿姆斯特朗，你是否感觉有点遗憾?”

在令人有点尴尬的众目注视下，奥尔德林风趣地回答道:“各位，千万别忘记了，回到地球时，我可是最先迈出太空舱的!”他环顾四周笑着说,“所以，我是从别的星球上来到地球的第一个人。”大家在欢愉的笑声中，给了他最热烈的掌声。奥尔德林用他纯真豁达的人格和机智的幽默，真诚地分享着自己和朋友的快乐。

面对苦难，豁达者会说，原来是件好事情，苦难实在是化了妆的祝福；面对临时突发的每一件事，豁达者会说，其实是件小事情；同样，面对质疑、羞辱或挑战，像奥尔德林一样，豁达者会说，我是有价值的人。

乐乐在一旁忍不住插嘴:“要有豁达的品格，我要从何做起呢?”

活出豁达的生活实际

和和笑呵呵地说，作家施以诺说，百善“笑”为先。要操练豁达，先从微笑开始吧。豁达不是单讲一个心态，而是一个生活实际。这个生活实际就是品格力，它可以在生活中带出高尚的行为。

微笑行动

不快乐时，我应该微笑吗？是的。

微笑不等于说“我快乐”，它的意思可能是“我同意你”“我很高兴见到你”或是“我想鼓励你”。

有些人认为不开心也笑就是虚伪，其实是未曾考虑到微笑的作用，以及忧愁不开心的影响。忧愁的脸显示出自我中心，勉强所有人注意自己，猜想自己为何不开心。

微笑是爱心的表现，表达了关爱，是豁达的生活实际展现。微笑、打招呼、有礼貌，是操练豁达的第一步。不管自己心中有何伤痛、愁苦、郁闷，带给他人的是微笑，其含义是宽广、体谅、关爱，这是高尚人格的展示。

豁达的人，了解生命改变的力量。愿意把感受先放在一旁，比如自己内心很郁闷，但把郁闷放下，微笑示人，借着微笑和人打招呼，带给别人“阳光”；同时，不知不觉会发现，自己也变得不那么愁烦了。微笑会产生正向的改变。

感恩和看出积极面

除了报人以微笑外，给予、祝福（饶恕）、感恩、慷慨等都是与豁达相关联的品格点。

绵竹汉旺镇美女舞蹈老师廖智在“5.12”汶川地震中失去双腿，通过义演筹款为家乡灾民捐衣。在广东经商多年的重庆籍企业家孙怀庆打“飞的”回渝，向她捐出了首笔2万元的义演资金。2013年4月雅安地震后，廖智奔赴抢险救灾一线，戴着假肢送粮、送衣、送发电机、搭帐篷。

记者问她：“那些被从废墟里面救出来的人，一般这一辈子都不愿意再接近这样的地方。”廖智说：“我就一直觉得我的命是别人送给我的。所以也是从那个时候，我觉得人有时候是要忘记自己的，要忘记自己去做一些事情。”

廖智是一个深深懂得给予的人，她也选择释怀和感恩。

廖智的事立即在网络上引起强烈反响，感动了无数人。廖智在她的博文《知道感动的泪水有多甜吗？》之中写道：

“好感谢上天把我造成了这样的我，可以无论幸福磨难都始终坚持着善良……

“好感谢上天在我感到最寒冷的时候赐给我那么多的爱，那些熟悉或陌生的人，那些在身边或远方的爱，这所有所有的爱满满地盖住人生中的寒冷，让我的世界找不到怨恨……”

廖智在接受采访时曾表达她的感恩：

“这一切是值得感恩的，因为不是这样子地发生的话，我也不能一点一点成为现在这个样子。我觉得这是上帝最好的安排，因为每一个人生要经过的过程我都尽情地去感受，我没有拒绝，也没有逃避过面对，所有的体会、感受，我都用心去感受它们，没有白来。”

如果我们从每天选择三件感恩的事，开始操练感恩。并且把生活中每一件事，像廖智一样，都看出它的积极面，看中生命的成长过于事情的成败，常说“原来是个好事情”，我们在人际互动上一定会成长。

“双赢”与思想更新

美国南部某州，每年都举办南瓜品种大赛。有一个农夫相当优秀，常得头奖及优等奖。他在得奖之后，毫不吝惜地将得奖南瓜的种子分给街坊邻居。有一位邻居很诧异地问他：“你的奖项来得不易，看你投入大量的时间和精力，为什么还这么慷慨地把得奖南瓜的种子送给我们呢？难道你不怕我们种出的南瓜品种超越你的吗？”

这位农夫回答：“我将种子分给大家，是帮助大家，但其实也是在帮助我自己。”原来，这位农夫所居住的城镇是典型的农村形态，家家户户的田地都毗邻相连。如果农夫将得奖的种子分给邻居，邻居们就能改良他们的南瓜品种，也可以避免蜜蜂在传递花粉的过程中，将邻近较差的品种传给自己种的南瓜，这位农夫才能专心致力于品种的改良。相反，如果农夫将种子私藏，他反而必须在防范外来花粉方面大费周折而疲于奔命。

将优秀的种子送给大家，就可以避免自己的南瓜受劣质品种的影响，这实际上是在帮助自己。农夫展现了慷慨，同时使用了双赢的智慧。既灵活又宽广，还保护了自己。“双赢思维”的模式构成是“施予——获得”，获益的是双方。

豁达者的生活实际，可以从思想的更新开始。学习换位思考，了解他人的需要，认识到自己的自私和有限。豁达还表现在不畏困难，勇于开拓。“原来是个小事情”要成为我们的思维模式，这样会帮助我们成为一个勇于开拓的人，眼光不局限于现在的失败，而是着眼未来。

当一个人豁达地看待人生和未来之时，豁达就带出了梦想的气息，而梦想使人有力量。人际互动中，一个豁达有梦想的人，不自私，必带来亲和力和人际互动的能力。豁达是保证在生活实际互动当中，与人正常交往、善于互动的根本。

豁达是一种人生态度，也是一项展现成熟的生活能力，是与人愉快相处的第一秘诀。豁达不是一天就可以学到的，要从根本观念的改变开始，并在思想、反应、话语、行动中带出调整和改变，至终形成我们的习惯和品格。

有人说想豁达很难，因为“江山易改，禀性难移”，也有人问“现在我的人际关系很糟，还来得及吗?”其实那是你自己的选择。今天我们收获的，都是过去所种的结出来的，因为种什么，就收什么。虽然今天我们在收“烂摊子”，但如果今天我们愿意选择改变，同时从今天开始，每天都撒下一粒“豁达”的种子，至终有一天，我们的人际关系会有豁达的果实结出来。

本章思考与练习

1. 你怎样理解“双赢”？请分别举出：

1.1 你观察到的一个展现出双赢局面的例子；

1.2 你自己将双赢应用于生活中的一个例子。

2. 豁达的心从祝福开始。请结合祝福公式，写出你对下述三类人的祝福：

2.1 一位你自己亲爱的家人

2.2 一位你很要好的朋友和同学

2.3 一位令你很生气或伤心的人

3. 管好你的思想：请用正确价值观，来帮助朋友、调整自己（可多选）

可以备选的价值观为：A 其实是个小事情　B 原来是件好事情

C 我有我的价值　D 快乐是个选择

3.1 刘强觉得英语很难学，他也根本不敢和外教沟通，怎么办？（　）

3.2 向东去餐厅吃饭，看到服务员的态度很差，正想和她争辩时（　）

3.3 想到毕业后不知能否找到工作，你感到前途一片迷茫时（　）

3.4 昨晚我的室友一直在打游戏，今早还给我脸色看，真气愤（　）

Part 3

快乐做自己

引子　吴晓的故事

吴晓每每看着镜子里的自己，不禁感叹，为什么爸妈没给自己一张明星脸呢？自己如果长得白一点就好了，表姑还说自己眼睛没神采……爸爸回家夸同事的孩子考上艺术学院，吴晓很不以为然："靠脸吃饭算什么本事！"

吴晓很崇拜同学阿旺，大家都称他"旺哥"，可是自己总不敢和他说话，怕他看不起自己。阳阳倒和自己要好，家又住得近，常常一起上学，下学也在一起玩，但是自己怎么就是那么不待见他，人长得胖，说话又慢。

讲完吴晓的故事，和和问大家："吴晓快乐吗？"

乐乐和美美异口同声："不快乐。"

"为什么吴晓不快乐呢？"

不喜欢自己的长相

吴晓不喜欢自己的长相，或者说，他不喜欢自己。一个不喜欢自己的人，在与人互动中会处处有问题。显出来的问题虽是我们和别人外在的矛盾，似乎格格不入，但根本的问题是没办法容纳自己、接纳自己，因为外面的人和发生的事，都叫我们心里不舒服，他们实在是影射了我们自己内心的矛盾和挣扎。

喜欢比较

还有一个原因导致吴晓心内常常纠结，因为他是一个喜欢比较的人。

对于旺哥，吴晓愿意和他交朋友，但因为自我感知的形象不好，自视太低，所以不知对方会否会接纳自己，有不安全感；另一方面，阳阳很喜欢和自己交朋友，可是自己又看不起他。

很多看不起别人的人，其实根源乃在于内心是自卑的。看得起自己、尊重自己的人，会懂得尊重别人。

胜过自己，做自由快乐之人

有两句话可以送给吴晓：

未经我的同意，没有任何人能使我自卑。

我不怕千万人阻挡，只怕自己投降。

没人能使我们感到自卑，除非是我们自己愿意。“我是有价值的，生来就是，以后也是，且价值会持续增加。”这是非常重要的一个价值观。

吴晓还有一个问题，就是他不承认自己的问题，他回应父亲的话足以证明他不服气，显得气很足。而这也会拦阻他胜过自己，活得自由，成为一个成功的人。

活出自我是成功

听完吴晓的故事和讨论，乐乐挠了挠头，说："我也常觉得自己体形不美，心里也想做一个成功人士。可是，到底什么叫成功呢?"

美美回应道："我以前觉得考上大学就算成功了，可是现在考上了，下一步的成功是什么呢?"

"成功"的定义

要如何来定义"成功"呢？有些人以客观的物质条件来衡量，如金钱的多少、职位的高低，或是房子的大小。但事实上，很多成功的运动员也许创下了世界纪录，举世闻名，却赚不到很多钱；成功的音乐家将自己对艺术的努力与坚持，视为成功的指标，不在乎金钱与他人的评价；也有人认为，尽自己所能，光明磊落地面对各种情境与困难，无愧于良心，就是一种成功；还有人认为，即使在顺境时，能不忘自己的原则，也算是一种成功。

总之，成功的定义是非常主观的，不同的人会赋予它不同的意义。美国著名作家克里斯帝夫·莫雷（Christopher Morley）的定义是：

There is only one success — to be able to spend your life in your own way.

人生唯一的成功——用自己的方式活出自己。

人很多潜能的发挥，都是在快乐且有信心的状态之中。吴晓无法活得自信、快乐，他的生命中有一个不自由，这使他处处看见自己，常常不满自己，更谈不上发挥这一生所赋予他的才干与潜能，他无法活出自己。

其实世界上并没有理想的最佳外貌，我们不应纠结于长相、身材，或是身体上某种特有的缺陷。有时，正是这些天生的缺陷，造就了美好的心灵。也就是说，虽然没有完美的外貌，但是却有完美的心灵，即理想的内在品格。活出自我，就是超越先天的特质与缺陷，活出美好的品格来，这就是成功。

父子组合迪克与里克

有一对父子，父亲叫迪克·霍伊特（Dick Hoyt），儿子叫里克·霍伊特（Rick Hoyt）。1962年，里克在出生时因脐带绕颈导致脑部缺氧受损，医生告诉父亲迪克，里克只能在轮椅上度过他的一生。迪克引述在里克9个月大时，医生对他和他妻子朱迪说："他从此会像植物人一样，还是把他送到疗养院吧。"然而，他们夫妇对此并不认同。

他们发觉，当他们在屋内活动时，里克的眼睛会紧盯着他们。当里克11岁时，他们把他送到特夫斯大学（Tufts University）工程系，询问有没有令孩子与人沟通的办法，得到的回复是："不可能，他根本没有任何脑部活动。"迪克反驳说："跟他说个笑话吧。"他们便说了个笑话，里克果然笑了。专家们很兴奋，他们为里克制作了一台能用头的侧面控制鼠标的电脑。只要他做出轻微的头部动作，比如说点头，电脑就会出现一连串红色字母。里克可以选择其中他想要的字母，然后用头轻轻碰一下开关，电脑就能锁定这个字母，若干字母连在一起，便传达出里克想要表达的内容。就这样，里克终于能和外界沟通了！

在里克15岁那年，他的一位同学因意外而瘫痪了，学校为那位学生举行跑步筹款活动，里克通过计算机打出:“爸，我也想参加。”迪克因着儿子的要求就参加了，他推着里克以倒数第二名的成绩跑完了5英里的全程。要知道，在此之前的18年里，迪克从来没有跑上1英里。

结束之后，里克在电脑上敲下了一句话:“当我们一起跑步时，我第一次不觉得自己是个残疾人了!”这句话深深地震撼了迪克，他决心要把那种感觉尽可能带给儿子。为此，他预备参加1979年的波士顿马拉松比赛。

“不接受报名。”这便是比赛当局给迪克的话，原因是霍伊特父子既不是单独跑手，又不是轮椅参赛者。结果，他们只能在赛事中跟着大队一起跑，但几年之后，他们终于找到正式参加比赛的方法:1984年，他们参加了波士顿马拉松。

不久后便有人对迪克说:“为何不参加铁人三项赛?”一个从未学过游泳，自6岁起便没踏过单车的人，如何能拖着110磅（50千克）的儿子完成三项全能赛呢?因着父爱，迪克去学游泳，学踏自行车……他愿意为里克做出许多的牺牲和付出，他曾拖着儿子越野滑雪，又曾背着他爬山，还曾用单车拉着他横越美国。

他们父子以“Team Hoyt”（霍伊特组合）报名参加马拉松和三项铁人赛，跑步时迪克推着里克跑;游泳时迪克拖着里克躺着的橡皮艇游;骑自行车时将里克放在自行车前……征战了1000多项中长跑赛事，成为美国长跑界传奇组合。

截至2012年4月，他们已经参加了1077场长跑比赛，其中包括70次马拉松。除了马拉松，他们还参加铁人三项。1989年10月，他们挑战了在夏威夷举办的极费体力的15小时终极铁人三项赛。比赛时，迪克先拉着躺在橡皮艇中的儿子，游泳2.4英里，接着把儿子抱到自行车车头特制的座椅上，骑行112英里，最后再完成一段马拉松。截至2012年4月，他们已参加了247项铁人三项的比赛。

曾经有人问迪克为何不试试自己一个人参加比赛，看看表现如何。“我不会独个儿参赛。”迪克说。他参加比赛纯粹是为了当他们一起跑步、游泳和踏单车，看到里克脸上露出甜美笑容时的“奇妙感觉”。

迪克如今已年过70岁，现在他们父子俩并没有要停止比赛的意思。“除非有一天儿子对我说‘爸爸，我不想跑了’，否则我不会停止的。”迪克说。谈到最想送给父亲的礼物，里克用电脑“说”：“我最想送给爸爸的，是由我推他一次！”①

多么美的故事，爱有起死回生的力量，脑瘫的里克可以靠着父爱快乐而成功地活着。本应是一个凄惨的故事，但我们看到里克幸福快乐，甚至超过很多四肢健全的人。

真正的勇敢来自于信念和爱。父亲迪克不怕羞耻，可以面对困难；不怕辛苦，自己养育里克，并且努力使他为人生感到自豪；为了儿子，愿意尝试新东西，愿意改变；他坚持自己的信念，勇于活出自己，是一位成功的父亲。

活出自我

快乐是每个人的权利

在和父亲一起比赛冲刺时，里克喜欢挥动他的右手，表达自己异常的快乐。里克虽然残障，曾被视为植物人，但他有他的快乐。爸爸迪克付了极大的代价，希望儿子快乐，自己也快乐。迪克说他参加比赛纯粹是为了当他们一起跑步、游泳和踏单车时，看到里克脸上露出甜美笑容时的“奇妙感觉”。

每个人都渴望拥有快乐的人生，只有在快乐中，人的潜能和创造性才能更好地发挥出来。快乐是每个人的权利。

---

① 参见：义君，《70岁老父手推脑瘫儿子跑步　已征战1000多项赛事》，载于网易体育，2013年1月21日。

做自己就是一种快乐

很多人都在寻找着快乐，父子搭档的故事告诉我们：简简单单做自己，就是快乐。父亲迪克知道他该接纳什么，他可以改变什么。他接纳了儿子的出生，接纳了儿子的状态，同时他积极改变那些可以改变的，为了和儿子沟通，他想尽办法说服专家，结果他成功了，装在儿子耳边的鼠标可以帮儿子打出心声。

为了参加比赛，让儿子觉得自己像一个正常人，他学习游泳、练习单车和长跑，在每一次比赛中拼命地奔跑，他成功地参加了30届超过1000场波士顿马拉松赛。2011年，波士顿马拉松的主赞助商决定在起点附近的霍普金顿建立一尊迪克父子的青铜雕像。因着他们的故事，无数人被爱激励，勇敢面对人生。

活出自己就是快乐与成功

当别人劝迪克夫妇把孩子送疗养院时，他们拒绝放弃这个孩子。残障孩子的生命就没有价值了吗？就不值得期待了吗？迪克夫妇不这么想，他们努力让儿子感到生命的美好，努力去发现儿子的愿望与梦想。

里克获得专为他而制作的交流电脑时，说的第一句话不是“妈妈好”或是“爸爸好”，而是“前进，棕熊队!”父亲由此看见了儿子内心对运动的热爱。

儿子说“跑步时感到自己不再像残疾人”这句话，成为父子组合造就跑界传奇的开始。克服困难参加上千次的比赛，让他们活出梦想，活出自己的不只是儿子，还有父亲。若是没有奖项和人们的肯定，他们就不成功了吗？不，是他们以自己的方式活出了自己，活得如此快乐成功，人们的肯定才追随着他们。

我们应该开始这样的思考:“用自己的方式活出自己”对我而言代表什么意义？有没有什么人或事物，会阻碍我用自己的方式活出自己呢？

不活在别人的眼光里

快乐父子组合的故事太吸引乐乐和美美了，他们继续讨论着：怎样可以活出自我呢？

我们周围有太多的声音，有许多的批评和拒绝，但正像图中那位老师对赵刚（眼镜同学）所说的："快乐更重要！"

为谁而活

这是每个人都该问自己的问题："我到底在为谁活？"我们以为在为自己活，但是我们是否都活在别人的面前，好像为别人而活一样。吴晓之所以喜欢比较，是

因为他是在比较声中长大的。表姑等人对自己的评价，好像不知不觉成了自己的标签。自己的长相、能力等等，都仅在别人的话语声中体现，这样的生活无法活出自我。

父子组合中的父亲带着儿子里克跑步，那会吸引多少人的眼光啊！和和的远亲生了一个盲孩子，因为害怕别人的眼光，就把他每天锁在家里。那个孩子仅小学毕业，就辍学在家了。

里克的命运不是这样，父母带他求医，找可以让他与人沟通的技术，上学、毕业，拥有自己的住所、工作和生活。迪克不在乎别人的眼光，他勇敢地带着里克参加比赛，不怕别人看，因为他不是为着别人的眼光而活的，他为着心中的梦想，为着儿子的梦想而活，活得精彩。

我们不能活在别人的眼光里，为着别人的评价而迷失自我，但也不能单为自己而活，仅为一己之私欲、仅为自身的享受，这至终会让人生迷失方向。我们应像迪克一样，为着自己所爱的人而活。每个人的人生都有着意义和目的，应该为着实现自我的价值、为着实现人生的梦想和使命而活。

如何对待批评和拒绝

1979年，当迪克父子报名参加比赛时，他们被拒绝了。父亲迪克并没有发怒，指责主办方歧视残障人士，并到处诉说自己被不公对待等；他也没有大大自怜、沮丧放弃，他们就是跟着大队伍跑，因为父亲迪克知道自己要什么，他们不是为了名次，而是为了活出自我。父子组合一跑就是几年，直到他找到了参赛的方式。1983年，他们终于如愿以偿，参加了波士顿马拉松赛。

天色不会常蓝。当里克出生时，父亲迪克和母亲朱迪没有觉得上天在拒绝他们，他们接受下来，事实证明，虽然儿子有缺陷，但他们的生活是成功的。我们的态度应该是接纳可接纳的，改变可改变的。当特夫斯大学的专家拒绝为里克做什么时，迪克智慧地说，给他说个笑话吧。里克用他的反应改变了自己的命运，从此他与父母、与外界可以沟通了。

当我们面对批评时，首先不应马上理解为那是对我们全面的否定。更大的可能是，别人就是在说事情本身，讲客观的状况。我们应该虚心下来，安静思考。其次，我们也需把批评者的用词、实质内容、语气和态度等逐一加以区分，本着实事求是的心，改变那些我们应该改变的部分。至于对方过多的苛责或不友善的态度，我们大可不必往心里去，因为毕竟愿意来批评的，心里还是很爱我们的。试想一下，我们自己愿意去指正别人呢，还是愿意跟每一个人都和平相处呢?

我的价值谁来定

吴晓的价值是由他人来定的，他不知道旺哥会否喜欢自己。他对自己的自我形象，都是从别人的话语中得来的，他不明了自己的价值在哪里。

小芳走在马路上，有一个司机在骂她，小芳也骂回去。其实，别人说我们是傻瓜，我们就是傻瓜了吗？我们应该有悟性和志气，从别人给我们的话语标签中“走”出来。我们要明白自我价值，不会因为别人的话语而受影响。

和和刚去上班时，别人说她是“菜鸟”:“这么慢，什么都学不会!”和和开始也有很想放弃的念头,“算了，我不干了”。可是她激励自己：如果新到一个岗位就放弃，换下一个就会好了吗？她开始虚心请教，并常常观察其他人是怎样做的，每天总是早一点来预备，晚一点走，渐渐在新的岗位就适应下来了。至此，同事又都开始夸赞她:“这孩子很好学”“将来一定有出息”。

偶尔，领导还是会批评或纠正和和，每次困扰她的问题都是:“领导是不是不喜欢我呀?”通过和领导沟通，和和发现，领导是在履行责任，否则自己会犯更

大、更可怕的错误。他们是讲具体事情，不是针对自己，不喜欢自己。

到后来，当别人爱心指出她的错误时，和和还会说“谢谢”，并积极改正。和和渐渐悟出了：我就是我，我是有希望，可以成长，可以成功的；我的价值由我自己决定，别人都是来帮助我的。

活在自信和梦想中

前面讨论了不活在自卑里，也不活在别人的眼光里。那么，我们要活在什么里面呢？太多的故事和失败的经验告诉我们，应当活在自信和梦想里。

幸福感与自我满意度

什么是幸福感

幸福感是个体使命感、成熟度、建造力，以及带有芬芳气息的品格力的综合体现。其表现为个体在主观上会否在个人成就、家人认可、生活品质、人际互动、才干展现、休闲喜好及自我形象等方面，有安全感和自我满足感（或自我满意度）。

在“豁达不自私”一章中，我们讨论了安全感的一部分。这一章，我们来讨论自我满意度。

人心中的多种渴望

人的心中最渴望被认同、被尊重、被接纳，这种渴望往往因着观念的不同，而生发为多种渴望，例如渴望自己是美丽潇洒的，渴望亲密关系，渴望有地位，渴望成功，渴望成为伟大的人，渴望具有影响力等等。

心中的渴望，无法简单用外在的需要来填补。但人往往用外在的需要来填补心中的渴望，这是人类的悲哀。渴望是内在的，当然，人也有外在的需要，如需要物质，需要金钱。这样的需要是正常的，但不是唯一或最重要的。很多最宝贵的，都是免费的，例如空气、亲情、安慰、友谊、爱和支持等，不是钱所能买到的。其中爱、支持、安慰、友谊等，才可以满足人内心真实的渴望。

我们常以为“如果我拥有了某某，我就会快乐了”，那位“眼镜同学”（赵刚）可能认为“如果那个人认可我了，我就满足了”；吴晓或许认为如果自己成为“旺哥”就快乐了……但是到头来，我们会发现自己的心依然是“空的”。

拥有梦想是正当的

很多人害怕梦想，或者因他们忙于各种事情，以致疏忽了梦想……但是梦想是“方向标”，失去梦想是可悲的，拥有梦想是正当的。梦想就是以正当手法，靠着自我激励希望达成的某个结果或状态。用正当手法还是不正当手法，则是梦想与贪婪的区别。

自我满意度

细细观察人，其自我满意度由多种因素组成，涉及主观的因素，主要指三方面。一是自我形象，即是否自信或接纳自己。二是心中渴望被满足的程度。这取决于是否有良好的人际关系，及在人际互动中产生的彼此认可、批评指正、生活细节等因素。三是社会因素，包括才干、人品、价值、贡献等社会评价因素。这三个层面，自我形象是关键和基础，良好的自我形象可以有助于吸收其他两个层面的正面因素并过滤负面因素。

很多人不快乐，对别人也不友善，多数是像吴晓一样不接纳自己。不接纳自己的人永远无法有平衡的满足感，他们一直在寻求，希望从他人认可或自身成就中得到一丝满足，但是常常不能如愿。

完全接纳自己

接纳自己就是认定“我生出来就是美的”“我的出生是有意义的”“我是有

价值，是尊贵的”，并且“我这一生是有一个活着的意义的（purpose），并且我愿意为那个我存在的意义付出努力”。

完全接纳自己，不仅指如吴晓一样，接纳自己的长相（眼眉、皮肤等），也包括接纳自己的身材（胖瘦、个头）、学历、能力、特点等。特别也应像父亲迪克一样，接纳自己孩子的残疾，还有家人（父母）、出身、背景等等。简单地讲，就是一切与自身相关联的因素和特质。

人与生俱来的四个天赋开启我们，人生来就是有价值的。但人的价值还需要在后天的学习和生活历练中持续累积。这些天赋使人可以做出选择、产生改变，并达成梦想。我们一生就是在这样一个价值最大化的过程当中。

围绕个体价值的最大化，存在着不同的价值体系。价值最大化，应由正确的价值体系所规范。衡量价值最大化的不应仅是得到权利或金钱等外在的东西，也应包括内在的心灵强健（参见作者《用什么撑起孩子的未来》，中国发展出版社）。其中自我完全接纳，活出自我，为达成梦想勇于改变等都是重要的价值观。

完全地接纳，意味着完全地爱惜自己。不用期盼自己改变后会更喜欢自己，而是不用改变就喜欢自己了，“我就是奇特独一的”。这样的自我接纳，会帮助我们认清自己是有价值的，也有动力去改变那些可以改变的，目的是增加我们的价值，并使之最大化，活出我们人生的目的和梦想。

握住自信

自信是对自我有价值认知的自然表现：“虽然我现在还是很多东西不会，还是不懂得如何与人相处，但是我具备可以获得新价值的价值”“我可以成长，累积价值，也因此会为他人、家庭、社会带来价值感”。

先相信你自己，然后别人才会相信你。　——屠格涅夫自信心低落，会造成大脑效率降低，增加挫折感，或产生茫然找不到重心的感觉。我们都曾做过让自己感到自豪的事，回想当时到底发生了什么：我们如何使他人受益？你展现了什么样的个人特质？这会帮助我们重拾信心，树立自信。

女歌手的故事

有一位女歌手，第一次登台演出，内心十分紧张。想到自己马上就要上场，面对上千名观众，她的手心都在冒汗："要是在舞台上一紧张，忘了歌词怎么办?"越想她心跳得越快，甚至产生了打退堂鼓的念头。

就在这时，一位前辈笑着走过来，随手将一个纸卷塞到她的手里，轻声说道："这里面写着你要唱的歌词，如果你在台上忘了词，就打开来看。"她握着这张纸条，像握着一根救命的稻草，匆匆上了台。有那个纸卷握在手心，她的心里踏实了许多。她在台上发挥得相当好，完全没有失常，获得了演出的成功。。

她高兴地走下舞台，向那位前辈致谢。前辈却笑着说："是你自己战胜了自己，找回了自信。其实，我给你的是一张白纸，上面根本没有写什么歌词！"她感到惊讶，但自此开始有了真正的自信。

自信，是相信自己能成为自己想成为的人，能思考自己想要的东西，并达到想要的目标。有自信的人，服从合理的规定，为他人着想，并且能改善自己的表现。它会驱使你前进，同时也会吸引他人的注目。自信会引发更高的兴趣，并提供更多的资源，增加成功的可能性。

真实的自信并不会看不起别人，它是一种人生态度，用信心（相信自己）、话语和行动表达对自我成功和幸福人生的态度。有时候，我们总希望抓住什么，才觉得有安全，像这位老前辈一样，经历过沧桑的人都有这样的体会：看起来我们似乎要有很多可以依靠的，但其实什么都没有，唯有握住自信。

看自己合乎中道

活出自我就是成功，我们不应被自我形象打败，而要重新确立正确的自我形象。还有，我们也不应被别人的看法和评价打败，而要为自己的梦想和价值意义而活。但是，我们应当如何看待自己呢？这是我们下一个要讨论的问题。

放下自己

有时在团体中或岗位上，我们常因工作有果效，就觉得自己很重要。一项调查结果表明，有60%的人对自己重要性的评估，都高过了单位及他人对其的认可。我们太把自己当回事了，别人可能根本没有在乎我们！应当学习放下自己。

美国南北战争时，林肯总统被请求增兵50万去打仗。政治顾问强力建议他拒绝，因为他们认为答应这个要求将阻碍他连任。但林肯的决定很坚定："我没有必要连任，但前线的士兵有必要增加50万的援军，因此我要征召这些军人。如果我因此下台，我也会很出色地下台。"

林肯是美国最伟大的总统之一，因为他愿意抛弃一切，放下自己。这是领导者必须具备的态度。如果你想成为更好的领导者，准备好做些取舍。在人际互动中，不要把自己看得那么重要，我们仅是团体中的一员而已。

不看低自己

放下自己，并不是讲看低自己的价值，看不起自己。

图中的人，把别人对他讲的负面评价全部不加分辨地吸收进来。别人讲“你这辈子完了”，被转化吸收成他内心与自己的对话“我没用”。这样的活法，每天怎能快乐地生活和工作呢？

怎样分辨哪些是负面的？那些让我们感觉自己不好、想放弃、不想做事、不思进步的，常常是负面的。负面的思想或话语，慢慢地进入人的脑海和心中，成为我们对自己的“错误认知”。如同图中的人物，它们会变得沉重，使人无法负担，真是“体累不怕，怕心累”。这些评价，吸收进来也会留在意识中，或压进潜意识里，形成记忆。在某个特定情景里，它们就会“跳出来”，影响我们的心情，妨碍我们的进步。

有部《流浪汉世界杯》的电影，描述了一批流浪汉，怎样在社区义工的帮助之下，组成足球队，重振生活信心，团结得胜的故事。这些流浪汉，有一个曾因开车无意撞死一个孩子而陷于自责和酗酒，另一个因为关键时刻没有踢进球而变得颓废……虽然每天回响在他们思想里的话是“咸鱼翻不了身”（错误的价值观），但是最终他们一个个胜过了沮丧，重新树立起自信，开始了新的生活。

胜过自卑的方法，就是用对的价值观信念，取代思想里的错误信念，并且和自己说："我拒绝这些思想，我是有盼望的，我是可以的。我失败过，但旧事已过，一切都变成新的了。"

看自己为可成长的

据说中亚的鞑靼民族以前对付敌人的咒语，不是叫对方迷路或暴毙，而是说："愿你永远留在同一个地方。"原来不成长进步是种诅咒！

我们应当有成长的自由。每人价值的持续递增，一定伴随着改变和成长。看不起自己，其实是把自己"禁锢"在停滞的阶段。而停留在原地不进步，其实是一种不自由。我们应当自由且快乐地成长。

完全地接纳自己，就是看自己是可以成长的：虽然我还有这样或那样的不足，但好消息是——我还有机会，我还有梦想，我是可以成长的。

和和说，有时发生一些事，自己会开始迷茫，内心有一种说不出的"惶恐"，其实也没什么大不了的事发生。这是内心"安全感"和"自我满意度"在寻找方向的时候。一个人是否感到幸福，这是重要的环节之一。

和和的经验是：第一，想想那些值得感恩或已经成就的事；第二，对自己的心说鼓励的话，比如"我是有价值的，我是可以的"；第三，要再来捕捉一下自己将来发展的方向。整理心中的目标，回到内心当初想这样做的原点。问问自己为什么想这样做，目的是什么。相信自己是可以调整、可以成长的。不久的将来，情况就会有所改变。往往借此三点，和和的心又有了力量，可以继续前行了。

看待自己，是很难把握的一个认识。要接纳自己，又要不时地学会放下自己。在认定自己是有价值的同时，又要持续督促自己继续成长，价值最大化。不骄傲，也不自卑，不会自己看不起自己。总之，看自己要合乎中道。

快乐大进步

“和和的话好像很有哲理呀！”看到兴奋又带着迷茫的美美和乐乐，和和给出了下面这些切实可行的成长方法，叫“快乐大进步”。

有计划，做记录，训练自己

自我鼓励

一早睁开眼睛，一个对自己说“今天会是快乐的一天”的人，和一个心里说“倒霉，又要去上课（班）”的人，两者一定活出不一样的一天来。一日之计在于晨，第一个训练，就是一早起来，操练自我鼓励，对自己说鼓励加油的话。

例如，“今天要开会，一定是一个和睦愉快的会议”“×××（叫自己的名字），你是可以的”“今天会是快乐的一天”“我可以做好这个报告”“我喜欢和×××做朋友”等等。

分辨负面思想

拿一个本子，翻到一张空白页。

左边记录自己的思想，特别是对自己负面的评价或想法。例如：“我不行，干不了这个”“我很怕开会”“我一定学不好英文”“我可能毕业找不到工作”。

右边要写出一个正面和积极的思想来取代，例如，“我是可以的”“开会是必需的，我会有好表现”“我是可以学好并说好英语的”“每次担心都是多余的，我一定可找到工作”。

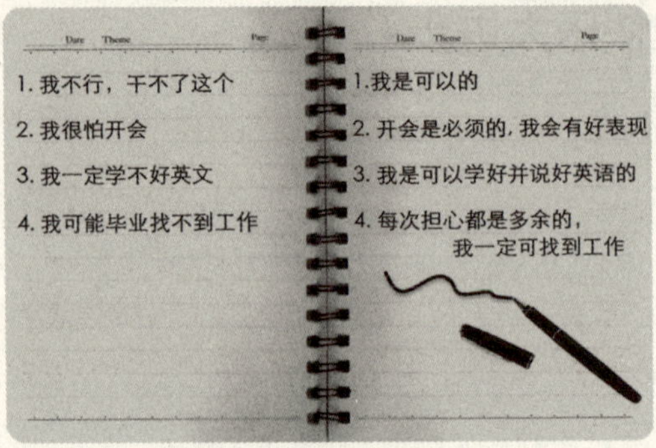

不仅是记录下来，还要说出声音来，训练自己听到正面和鼓励的声音，并学习单纯地把它吸收和接受进来。

如果你想成为一个快乐的人，就要开始这样一个计划，每早开始自我鼓励，常常省察自己的思想，把那些“不可以”“我不行”“好事不会临到我”等等都从思想里赶出去。

自我认可

有时我们停滞不前，是因为我们脑袋里有太多的“不可能”。当你反复操练前面的“自我鼓励”和“分辨负面思想”后，你就会发现拦阻自己成长和成功的，不是以前所以为的别人，或是物质条件，甚至不是社会，而是自己。

就像《流浪汉世界杯》里的流浪汉们，他们经过了一些失败，有些小时候有一些不利于成长的经历。因此，他们“不允许”自己采取新的行动，就像我们告诉自己说“我不被允许这样”“我不适合做这件事”“那不是我该做的”一样。这对每个人来说都可能发生，但是对那些被家庭或学校一直灌输低期望的人来说，情况尤其明显。因为脑海中“你怎么这个也不懂！”“我并不看好你！”的声音已经占据了他们的心灵。

这样对自己的不认可，一样需要用自我认可来取代。从很早开始我们就阻挠自己，一直到现在。但请不要再让它们妨碍我们的成功了。看一下你累积的记录，把那些“我不被允许”的事项通通换成“我可以”，并且将它们写下来。

专注于自己的强项

如果我们把纠结于和别人比较并被打败的心收敛回来，专心来自我观察一下，研究自己，我们会发现，“我是有强项的”。

别人擅长读书，而我可能擅长动手；别人擅长下棋，而我可能擅长做菜。快乐也来自于对自身价值，特别是强项的肯定。我们应该避免比较，专注于自己的强项，并勤于操练，使之成为专长。

吴晓来自苗族，他的家人祖祖辈辈都有刺绣的天赋，吴晓的姐姐是家乡远近闻名的绣手。有一年，学校展开班级才艺大赛，吴晓的班上几经讨论，大家都觉得拿出的赛品无法在年级中脱颖而出，更不用说拿到学校的名次了。吴晓得知此事，他的心突然动了，小声说出自己愿意试试。当吴晓的绣品拿出来后，全班轰动了，都说:“完全没有想到!”吴晓觉得他们看自己的眼光都变了，心里可自豪了。

有时，我们的心太纠结于我们没有的，却常常忽略了我们所拥有的。我们应该时常提醒自己“我是有强项的”，挖掘出来并专注于此。

快乐做自己

让我们来总结一下,“快乐做自己”有哪些主要表现呢?

快乐做自己是什么

完全接纳自己

接纳自己，包括自己的长相、身材、家人、优点、缺点、特点、学历、能力、家庭背景和现在的状况等等。迪克就是完全接纳里克，而且接纳自己生出这样的孩子，接纳自己生活的这个家，并希望把里克教养成快乐的孩子。

明白自己的尊贵

勇敢的父亲迪克，当他们的报名不被接受时，他没有发脾气，大吵大嚷，到处“告状”。他懂得自己是尊贵的，只是跟着队伍跑。迪克是一个懂得尊重的人，他尊重比赛委员会设立的制度和规则，并且持续在尊重中表达着自己希望带领儿子参加的意愿。因为他的尊重和执著，他们被接纳了，参赛规则也为他们做了调整和改变。他也很尊重儿子，没有轻看他，尊重他要快乐的权利。尊重别人的人，自然也赢得别人的尊重。尊重使人的价值感提升，生活的快乐指数也提高了。快乐做自己，就是尊重每个人的人格、自由、选择和需要，包括自己和他人。

活得简单些

现代人每天生活在纷繁复杂的社会当中，紧张高速的节奏让人难得有休闲和放松的时光。其实如果能放松自己，调整生活节奏，便能在忙忙碌碌中体味到平凡的人生乐趣。简单生活就是一种幸福。

红红最近有个开悟，自己活得太累了。例如，她本想邀同宿舍的芳芳一同去买双鞋，可是想到同班的娜娜和自己是好朋友，不邀不合适，怕她生气。后来又想到，上次东东和明明说，如果去购物，想叫红红给自己参谋买衣服。结果，大家等来等去，到中午才出门，一会儿找超市，一会儿找鞋店，又要陪娜娜取邮件。结果回来晚了，把班会也给误了……红红自己检讨，本来就想去买一双鞋嘛，怎么搞得这么累？她下定决心，不要太多顾虑，心中有爱，简单就会快乐。

活出自己的梦想

拥有梦想的人生是美丽的，用正当方式活出梦想就是成功的，拥有梦想活得就快乐。父亲迪克，遇见困难就想办法克服，勇敢地活出自己的梦想，他是在快乐做自己。我们把梦想放在心中，付上应有的代价，像迪克那样，超越自己，超越困难，达成梦想。在追求梦想的时候，勇敢、坚韧、快乐、专心这些美德就形成在我们自身，那是真正的成功。

快乐做自己不是什么

避免“比较”

比较的结果，要么觉得自己好厉害，会变得骄傲，看不起别人；要么觉得自己很糟糕，看不起自己。与人比较会使我们的心忽上忽下，没有平安，更谈不上快乐。我们唯一能比较的，就是和自己比，看看自己每一天是否有成长，有好的改变。

再者，要把用在比较上的时间和精力，转化成挖掘自己的强项。如果现在找不出，就培养自己的爱好和兴趣，找出自己的强项，并专注在自己的强项上面。

不是“泛自由”

泛自由，即把自由无目的、无限地扩大化，不顾及对别人的影响。例如：“只要我快乐，有什么不可以？”我们应注意自己的行为举止，看自己是高尚的人。

在食堂里，一位同学吃完了饭，吹着口哨快乐地离开，但餐桌却没有收拾干净。这意味着别人要帮他收。另一位同学口若悬河，不仅满嘴喷饭，也影响到别人进餐。最基本的进餐礼仪是口里含着饭时不要说话。

此外，若在宿舍里一起住，是否要注意个人卫生？若晚上不睡觉，是否会影响别人休息？我们是否会因为只顾自己快乐，而影响了别人？

快乐做自己，是不把自己的“快乐”凌驾于别人之上，造成别人的“不方便”或“不舒服”。活出品格才有“踏实”的快乐可言，想真实快乐就应效法高尚的人。

不活在别人的眼光里

当有人对我们不好时，即使是很少数人，却可能占满我们的头脑，使我们成天想着他们，不容易快乐，会有负面情绪，甚至伤害了对我们好的人。据统计，每个人一生遇到的人当中，都有10%不喜欢或不认同自己。你是要为那10%活呢，还是那90%？

我们要多看正面的，避免被那10%的人占据了每天的心思。我们也不必过多花时间去“猜想”：究竟为什么他们不喜欢我们？怎样可以使他们“喜欢”我们？他们现在怎样想我们？因为那是徒劳地浪费精力和时间。

一方面我们的确应该为着别人提醒我们的而思考改变，另一方面，这些改变也是为着我们自己活出理想的品格。所以，有人“不喜欢”我们，也是好事情。我们是用一生在活的，也都一直在成长着，不是仅活这几天，或几年。如果我们成为一个高尚的人，至终我们会赢来相匹配的尊重和认同。

快乐是我们的权利，也是我们要努力经营的，在快乐中我们享受友情，发挥创造力，尊重自己，也尊重别人。能拿得起和放得下，活得简单的人容易快乐。快乐是个选择，把快乐建造在别人的不方便上，至终会使我们“付出”代价。

快乐做自己，就是享受自己的价值，认同自己的尊贵，不为别人活，豁达地对待别人的拒绝，不接纳、不认同，有“屏蔽”别人的拒绝和负面话语的能力。专心在自己的梦想，胜过自己，超越障碍，做一个正面去影响别人的高尚之人。

本章思考与练习

1. 请完成“快乐大进步”中分辨负面思想的练习。

2. 请写出自己的5个强项。

（注：强项是指那些你比别人做得好的，或是别人要花很多功夫，但你做起来却很轻松或很享受的项目。你也可以“采访”了解你的亲人和朋友。）

3. 有关快乐做自己：

3.1 你是否头脑中常常在“比较”？比较后你的心情如何？

3.2 你怎样理解“不活在别人的眼光里”这句话？

3.3 勇敢的爸爸为何可以不放弃儿子，活得精彩？

3.4 你喜欢自己的长相、身材、家庭……吗？你喜欢自己吗？

3.5 结合本章内容，为自己定下3个需要调整的看法（价值观）。

4. 美国著名作家克里斯帝夫·莫雷（Christopher Morley）对成功的定义是：人生唯一的成功——用自己的方式活出自己。

4.1 请问你怎样理解这句关于成功的话？

4.2 你自己对成功的定义是什么？

Part 4

人性化魅力

引子　篮球场上的故事

赵刚、李蒙、旺哥三个男生约好一起打篮球。赵刚说:“我昨天脚扭了，所以有点痛。”李蒙拿起球来，笑着丢到赵刚的脚上:“是真的吗?”赵刚的眉头皱起来了。旺哥马上出来圆场:“李蒙，干什么?你没听说他脚扭了吗?”然后，旺哥转向赵刚:“别生气，他胡来呢，我会注意你的脚，小心点!”

李蒙没趣地退到一边。过了一会儿，他又开始了:“赵刚，你跑起来好像鸭子跳啊，呵呵!”赵刚瞪了他一眼，旺哥也没说话。李蒙又开口了:“小眼镜，除了学习你还会什么，看你……”旺哥打断他:“李蒙，你过分了，请不要再说了。”然后带着赵刚离开了操场。赵刚一边走，一边气哼哼地说:“要不是我脚不行，我真想打他!”旺哥安慰他:“你别往心里去，李蒙这两天心情不好。”

事后，旺哥找李蒙谈心:“不知你是否因为考试挂了，奖学金没了，所以心情不好。赵刚成绩好，拿奖学金是正当的，那是人家的福分。我们都知道你心情不好，但那样对赵刚不公平……”

和和问:“听了篮球场上发生的事，你们两位有何感想呢?”

美美气嘟嘟地说:“李蒙这人真坏，自己没拿到奖学金是自己没本事，干吗欺负赵刚?”乐乐被旺哥的特质吸引了:“难怪大家都喜欢旺哥，有人缘的人自有其可爱之处啊!”听了他们二人的分析，和和继续与他们讨论。

不迁怒于人

在当前竞争与合作共存的时代，能否正确看待竞争与合作，并以积极主动的心态应对，对每一个人都是考验。李蒙心情不好是可以理解的，但迁怒于他人，就不公平了，是不可以接受的。

他把自己的不满，迁怒于人，借着说“风凉话”和“揶揄”发泄在扭伤脚的赵刚身上，已经带有欺辱性质，幸好被旺哥及时制止。对事情不高兴，脾气发到别人身上，而不是反省自讼，这于自身成长没有任何的好处。人性学告诉我们，人类总是要求拥有快乐而不是痛苦。但是希望拥有快乐的不仅是李蒙，赵刚也需要。把自己的快乐建立在别人的痛苦之上，是不公平的。

不失人格尊严

每个人都有其对人格尊严的需要，和和的一位老师说过:“人外面要带着和气，里面要存着志气。”被称为“眼镜”的赵刚同学，成绩很好，心灵如果可以更强健的话就更好了。赵刚平时总是郁郁寡欢，觉得大家都不喜欢自己。这种情结，会影响自己的情绪健康，也会给某些“小霸王”以可乘之机。

赵刚要听进辅导老师的话，学习快乐，学习勇敢，心里不生气但不丧失人格。留意是否有人刻意想伤害我们，不要轻易进入他们的“势力范围”，学会保护自己。同时，不管别人怎样对自己，心中要明白自己的价值，与清心善良之人为友，快乐做自己。

人性化重视互助与关爱

旺哥的人见人爱，来自他的人性化魅力。他对待赵刚温柔得体，对待李蒙正义有礼，处处体现出了仁义，关注每个人的尊严和幸福，重视人与人的互助、关爱，很有“人情味”。他先是陪赵刚走开，并与之宽心。然后自己面质李蒙，指出他不得体的地方，但又不是在发泄私愤。我们可以说，旺哥很“人性化”。

我们讲的人性化、人情味，并不是帮人遮掩错误，也不是怕得罪人，而一味地讨好对方。人性化是指在尊重事实和彼此的基础上，表达关注，并平和地指出问题的实质。

旺哥当面告诉李蒙，能理解他心情不好，但他不应该那样对赵刚，并且指出了李蒙缺失的品格点——公平。这的确需要“冒”一点险，除非旺哥自己是一个有品格的人，否则李蒙可以完全不接受。有品格的人扶助弱者，有公义的心。可以说，品格是人性化的重要基础。

人性化，人情味

乐乐突然开窍了："哦，人性化就是有人情味，对吧?!"

和和笑答："对，简单地讲，就是有人情味。"

人性学的研究

人性学发现人的自然属性有三个定律：

- 人的生理层面——"人类总是要求拥有快乐而不是痛苦"；
- 人的心理层面——"人类总是要求得到尊重而不是贬抑"；
- 人的心灵层面——"人类总是希望有长久的目标而不是虚度一生"。

人的社会属性亦有三个定律，即人们通常会对行为后果做考虑，对长远目标做考虑，对人生价值做考虑。

这些基于人的自然属性和社会属性的人性学研究，指导着企业管理、产品、人际关系，使之更有活力。例如，产品设计的人性化，是指让技术的发展围绕人的需求来展开，使产品符合人的需要。

企业管理中的人性化管理，是指在整个企业管理过程中充分注意人性要素，以充分开掘人的潜能为己任的管理模式。其具体内容，包含很多要素，如对人的尊重，充分的物质激励和精神激励，给人提供各种成长与发展机会，注重企业与个人的双赢战略，制订员工的生涯规划，等等。

人性化管理风格的实质就在于“把人当人看”，从而使得员工愿意怀着这种满意或者是满足的心态，以最佳的精神状态全身心地投入到工作当中去，进而直接提高企业的管理效率。“人性化管理”允许你在工作中出错，并且会告诉你这样做是错的，会带来什么样的危害，你应该怎么做会更好。这让你不用时刻担心你的上司责怪你、你的同事看不起你，而会使你的工作激情更高涨、工作目标更明确。人与人有许多微妙的关系，正确地处理这些关系会让你在做事时感到得心应手。

与人相处的人性化，就是指尊重对方的人格，帮助对方活出快乐、期待，帮助对方达成其人生目标。人性化互动使人没有利益驱使，没有偏见，专注于对方的价值。

人性化的友谊使人真实地彼此相爱，双方相处有踏实感，有认同感。且互动关系彼此透明，轻松不怕犯错。彼此温柔且自然地纠错，却不影响关系，更重要的是，双方都考量对方真实的需要，平等而又有人情味。

人性中的美善

李再发在山间小路开着车，正当他优哉游哉地欣赏风景时，突然对面开来货车的司机，摇下窗户大喊一声：“猪！”李再发很生气，摇下车窗大骂：“你才是猪！”刚骂完，他便迎头撞上一群过马路的猪。

友谊的人性化首先体现在与人互动中，多相信别人的动机是好的。人性中的美善，例如关心、慈爱、怜悯等，好像友谊的汁浆，可以滋润人心。其实，人性化就是满有人情味儿，处事既讲原则，又有情理。沟通起来，能够晓之以理，动之以情。

认识人性

为什么要倡导人性化呢？因为人性当中有着很多美善的部分，例如父母对孩子的慈爱，众人对穷人的怜悯，我们对于施恩者的感恩，等等。人们多希望向人展现善良的一面。当然，人性当中还有很多的弱点，例如总是考虑自己的需要，容易忘记别人的恩情，常活在抱怨和可怜自己当中，没有耐心，等等。

我们要想与人好好相处，就必须要认识人性，懂得人，这样才能够得心应手。

与生俱来的人格特质

人性的内涵，除了包括人性中的美善和弱点，还包括每个人的人格特质。人格特质就人性而言，既非优点，也非缺点，它是人与生俱来的特点。第一个人格特质理论的提出者美国心理学家高尔顿·威拉德·奥尔波特（Gordon Allport，1897–1967），认为人格特质是每个人以其生理为基础的一些持久不变的性格特征。

一个人在各种情境下都表现出某些特点，我们会说那是那个人的人格特质。人格特质指的是一个人在不同的时间与不同的情境中保持相对一致的行为方式的一种倾向。换个角度说，人格特质即在组成人格的因素中，能引发人们行为和主动引导人的行为，并使个人面对不同种类的刺激都能做出相同反应的心理结构。

四型人格

不同的人格特质，很早就开始被关注并研究。1921年，心理学家荣格（Carl Jung）采取科学方式把人分为直觉型（Intuitor）、思考型（Thinker）、情绪型（Feeler）和感觉型（Sensor）4种。此后心理学家创造出各种不同的行为模式分类，有些细分为16种或更多种类型，但最常用的还是以荣格的4种人格特质类型作为分类基础。

当代行为管理学家托尼·亚历山德拉（Tony Alessandra）和迈克尔·奥康纳（Michael J. O′Connor）在他们的书中，把人格特质分为以下4种。

1. 指挥者（Director）

这类型的人果敢、坚定、充满自信，重视效率、喜欢竞争、勇于接受挑战和冒险，在工作上会努力达到目标、注重最终的结果，是天生的领袖和行动者，但是比较霸道，没有耐性，常常直话直说，容易得罪人，而且无法容忍别人的能力不足。

2. 社交者（Socializer）

这类型的人乐观、活跃、积极、热心，喜欢表现、爱说话、爱表达意见，具有创意、直觉力强、人际关系很好，但是注意力无法持久，容易感到无聊，要不断寻找刺激，做事冲动，不注意细节。

3. 协调者（Relater）

这类型的人友善、随和、愉快，谦虚、有礼，乐于和别人合作，关心别人、宽容别人，但比较谨慎小心、不敢冒险，喜欢照章行事、难有突破、不轻易改变。

4. 思考者（Thinker）

这类型的人理性、细心、深思熟虑，注重逻辑、善于分析，做事有条理、有规律，重视细节，但比较保守、内向，有时过于吹毛求疵、要求完美，讨厌不讲理的人。

九型人格

九型人格也是一种应用广泛的分类。根据维基百科的定义，九型人格（Enneagram），也称作“九柱性格学”，是一种性格标签型分类，基本上把人的性格分成九类。九型人格并非一个正统的人格心理学理论。在当代，它只是在商业文化下，常用于了解职场文化的一种测试，它会赋予人格一个比较片面的标签化的定义。

- 第一型完美者（The Reformer）：完美者、改进型、捍卫原则型、秩序大使；
- 第二型助人者（The Helper）：成就他人者、助人型、博爱型、爱心大使；
- 第三型成就者（The Achiever）：成就者、实践型、实干型；
- 第四型艺术型（The Individualist）：浪漫者、艺术型、自我型；
- 第五型智慧型（The Investigator）：观察者、思考型、理智型；
- 第六型忠诚型（The Loyalist）：寻求安全者、谨慎型、忠诚型；
- 第七型快乐主义型（The Enthusiast）：创造可能者、活跃型、享乐型；
- 第八型领袖型（The Challenger）：挑战者、权威型、领袖；
- 第九型和平型（The Peacemaker）：维持和谐者、和谐型、平淡型。

人格特质帮助我们了解他人

无论哪种分法，都代表着人与生俱来的不同特质。例如，根据维基百科对九型人格的定义：第五型人格名为观察者、智慧型、理性分析者、思考型。健康的第五型能够以超乎寻常的知觉力和洞察力去观察每一件事情，他们心智机敏、好奇心强、带有敏锐的智慧，一边运用非凡的知觉，一边提出正确的问题。这种人能够集中注意力，全神贯注于引起他们注意的事物之上……他们可能是某些新事物的发现先驱，有可能是重要的天才。

这种人格可谓是内向的代表，第五型人多是着重于自己的隐私，不擅长交往，在社交活动中经常抽离自己。从别人的角度来看，这些人总是冷冰冰似的。他们很少公开谈及自己的事，让别人认为他们城府很深，别人根本就难以捉摸他们。

如果今天你是第七型，非常活跃，善于交往，注重快乐，假如把你和一个第五型的人放在一起，你可能觉得无论自己出什么样的题目，对方都没有反应，甚至怀疑自己是否得罪对方了。人格特质的研究和认识，则会帮助我们认识到：除了你所熟悉的自己外，还有多种类型的人存在。

一个工作团队，是由各式各样的人组成的，以四型人格为例，经过认识，我们就不应该奇怪，为什么一个成员（不是领导），很喜欢指挥大家？原以为他太骄傲了，其实因为他的人格特质天生是个指挥家。还有一个成员，每天工作干不了多少，不是和这个人说说话，就是调解一下另两个人的关系。原来很看不上这种人，现在发现他是黏合剂，团队里没他还真的不行。另外，那两个很容易开会“干仗”的组长和副组长也彼此理解了，他们一个总是强调要先策划好，另一个是强调埋头实干，喜欢用数据说话，做一下测试便发现，他们的人格特质一个是思考者，一个是指挥家。

认识人格特质，帮助我们彼此更深地了解为何对方会有这样或那样的反应，会把一些“噪音”排掉，使我们发现人更容易接触，也开阔了胸怀，可以接纳彼此的不同和特质。

人性化典型表现

了解了人格特质，认识到人性中的美善与弱点，都帮助我们更加友善地与人相处。那么，所谓的人性化在与人相处中，到底有哪些表现呢？

有耐心，尊重人

吴晓看见阳阳就烦，觉得他“肉肉的，又胖又慢”。可是当他和张明说话时，却遇到了和自己对待阳阳一样的态度：张明爱理不理，经常是“有事快说”。

小思考：

- 张明会有耐心和阳阳讲话吗？他对自己会有耐心吗？
- 吴晓和阳阳该反省和学习什么？

耐心，常常是最考验人的。乐乐觉得张明或许和阳阳脾气相投，反而很可能谈得来。美美却认为一定不会，因为没有耐心就是没有耐心。和和透露说，其实张明没有耐心和吴晓讲话，因为吴晓对别人显得傲慢，张明看不惯。

其实，无论吴晓如何傲慢，我们都要对人宽广、有耐心、有人情味。同时，我们也应接纳彼此的特点。以九型人格看，吴晓很可能是第五型（智慧型），而阳阳是第七型（快乐主义型）。特质不同，所以在相处和沟通上会有影响。

吴晓看到张明对自己这个样子，心里不好受，他该反省什么？生命的规律是：你希望别人怎样待你，你也要怎样待别人。不能只是气张明，自己对阳阳也是这个样子嘛。

阳阳呢？他可能不在乎，但应该坦诚和吴晓沟通。

范例：

A. 先道歉："对不起，不知我是否哪里做的不合适，有没有什么地方得罪你？"

B. 如对方指出，我们就虚心接受，或注意语气语调平和地向对方解释。

C.（我之所以这么说），觉得你对我态度很急，或不想理我。

D.（告诉对方），我心里很奇怪（或难过，或不舒服），我觉得我们是朋友。

如果对方根本不想和我们沟通，或听我们这样讲更生气了，就可以停止。还有一个价值规律就是：一个人对我们怎么样，对别人也是一样的。或许，他生命的功课是和别人学，比如张明。人性化的表现之一就是，对自己、对别人都要有耐心，对任何人都尊重。

自我管理，遵守约定

学校规定学生不能喝酒，王飞不以为然，喝点啤酒算什么，大学生活太闷了，校园里好无聊，在这里要被关几年呀！这一天，王飞约了米米、苗苗等好几个朋友，躲在学校的一角，快乐地"喝着"。

米米和苗苗也很不习惯校园生活，特别对离校请假的规定很不认同。米米身体不好，苗苗总想回家看看家人。米米回家总不请假，而苗苗每次请假，都不说真正原因，搞得班导很担心。

一起喝着酒，王飞、米米、苗苗三人开始畅想未来，王飞提议，三人将来一起开个公司！而且还任命了职务，王飞是总经理，米米会管钱，所以做财务，苗苗做副总，三人越说越开心。

你觉得三人一起开公司能成功吗？

无论是将来工作的公司，还是现在上课的学校，大家一起住的宿舍，都是公众单位。在公众单位，作为其中一分子的个人不可以随心所欲，一定要顾及别人的方便，看自己行事是否违背团体的利益。单位制定的制度，其设定有一定沿袭，都有背后的原因和道理，要学习了解。对合理的制度要遵守，对不合理之处要通过正确的方式表达意见，推动合理化改变。背后私下议论，批评论断。

生命的规律告诉我们，我们必须学会自我管理，遵守事先的约定，正确表达不同意见。王飞、米米和苗苗虽有良好的抱负，但应该在遵守约定上成长，重视他人和团体的权利。

人性化表现之二：重视各种规定和约定，可以自我约束并遵守明确的规则，不侵犯他人权利，尽力以正确的方式推动规则制度的合理化。

同心合意，愿意舍己

大伙都喜欢吃烤鸭，可是烤鸭很贵！901宿舍里6个女生，在一个晚自习后，决定买一只回来，大家一起分。这个提议得到每一个人的支持，虽然还未吃到，但是想到即将吃到烤鸭的满足感，901宿舍那一晚非常开心。第二天，宿舍长林林把烤鸭买回来了，但是，她马上就困惑了。要怎样分配呢？

如果你是宿舍长，你要怎样做呢？

乐乐说："这还不简单，放在那儿，大家随便吃啊！"

和和与乐乐、美美一同分析可能有的情景是：

- 大家一拥而上，苗苗抢到鸭腿，米米没吃到，发誓不和宿舍人一起做事了；
- 大家都相敬如宾，谁也不好意思吃（当然，不知道发生的几率有多大）；
- 小敏人在外面，回来只能啃骨头（心里想"你们是一伙的，欺负人！"）；
- 大家都觉得自己没吃到该吃的，埋怨宿舍长，宿舍长委屈地去找老师请辞；
- 大家彼此推让，都把好的部位给别人（太满意了）。

宿舍长最后是这样做的：

(1) 先和每位都约法三章，第一花费平分，第二不许生气，第三有想法要沟通。否则就不做这事。一起做事是为了"双赢"，要解决问题，也要宿舍更合一，没有这些认同，反而会使大家彼此不满意，闲言碎语，那还不如不做。

(2) 买之前，就问了每个人希望吃什么部分，大都想吃鸭腿，小敏和自己特爱鸭翅，娜娜爱吃鸭头……宿舍长先尽量沟通，做了分配，把鸭腿的肉剔下来，分成4份，小敏和自己分鸭翅，鸭头留给娜娜。然后大家自愿分配。

(3) 真正吃的时候，把一半鸭翅给了苗苗。

(4) 即使出状况，宿舍长也做好了沟通和安慰的安排:“大家有意见要说出来呀，下一次，我会记得。”提醒大家，不能因为一只烤鸭，就影响了我们的合一。

人性化表现之三：照顾别人的需要，愿意舍掉自己的便利。生命的规律告诉我们，只有大家同心合意，才能使团队有效率，生活在一起才会快乐。

宿舍长智慧的做法，也具有人性化的特质。她尊重每个人的意见，事先沟通，并且在执行中带头舍己。她没有说有意见大家都不需要发表，因为已经沟通过了，或者“我说了算”，她说我们要开诚布公，可以随时沟通。这样的领袖具有人性化特质，是队员所欢迎和欣赏的。

人性化还有很多表现，例如篮球场上的故事，旺哥的人性化体现在有公义心，愿意帮助弱者，善与人沟通。旺哥是一个有品格的人。品格是人性化的基础，一个人若活出品格，他就处处在展现人性化魅力。

品格端正朋友多

树直用处多，人直朋友多。——谚语

一个人如果品格端正，自然会交到很多朋友，与人友善相处，解决起问题来也会得心应手。

品格与维护关系

有品格的人，会看重维护关系

关系是人类一切生活的基础。我们是社会人，生活在各种关系中。按内容划分，有经济关系、政治关系、法律关系、宗教关系等。按纽带划分，有血缘关系、地缘关系、业缘关系、趣缘关系等。生活中，有亲子关系、夫妻、朋友、领导和员工等等各种关系。以亲子关系为例，维护关系，远胜过争夺“控制权”。和朋友领导相处，尽量少树立对立关系。

人际关系是一种“资源”，属无形资源。人际关系维护得好坏，与人身心的健康密切相关。也与人的产出、价值最大化、活得是否幸福等密切相关。

破坏关系的“杀手”有哪些

不诚实、他人挑拨、害怕、操控等都是破坏人际关系的“杀手”。但毋庸置疑，最快的“杀手”是话语。“生死在舌头的权下”，一句话可以叫人生，一句话也可以让人死。哪些话会破坏关系？

- 断绝关系的话。如亲子关系，“你再不听话，就不要你了”；朋友关系，“你真不像话，我不要理你了”。夫妻谈“离婚”，谈对象说“分手”，两个国家在报纸上议论“开打”等。
- 负面的话。例如批评、指责、埋怨对方的话。
- 闲言闲语，传舌的话。例如，背后议论当面却不提，不切实又不求证。
- 怒骂，凶恶，贬损，尖酸刻薄的话，令人伤心的话。

温柔的舌头代表了品格

阳阳是出了名的乐天派，小敏却天生胆怯，心事很重。学生会干部改选，她担心别人背后给她使“绊子”；和宿舍女生相处，觉得老师喜欢自己，她们都嫉妒自己。阳阳就说小敏：“别疑神疑鬼的！”小敏总是反唇相讥：“别人把你卖了，你也不知道！”

这样的对话无法增进友谊，基本上是谁也说服不了谁。话语是用来安慰人、鼓励人的，对人对己都要说正面的话语。话语不是去谩骂、苛责、贬损别人，以来显高自己的。

说话时，要进入别人的感觉。例如，小敏所讲的，表达她在担心、紧张，更重要的是，她的话也表达了对阳阳的信任，因为她在分享内心的世界。或许她只

是希望倾诉，阳阳做一个好听众就足够了。

阳阳的回答，不光没有安慰到小敏，反而激起了小敏的驳斥，小敏的反应当然也过头了。因为阳阳说的话，反映了他的性格。阳阳是一个很阳光的人，就是那么想的。阳阳只是在说小敏心事有些重，想的有点多了，但他还是接纳小敏的。

生命规律：一个人的话语并不能代表他对我们的全部态度。

别人和我们有不同意见，仅仅就是意见不同，不代表他拒绝我们这个人。我们有时听了别人的话语会生气，因为我们以为他在反对自己，其实对方只是在反对我们的某个看法或意见。人家对我们这个人还是接纳的，否则可以不和我们说话。

阳阳可以用同理式的回应，试探性的说法：

“你的意思是，你觉得别人可能给你下绊子，你很担心吧！”

“我想我听你在说，因为宿舍的人都嫉妒你，所以你心里不好受，对吧？”

这样的回应，理解对方的感受，重述对方的话，才能使对方自己听到自己的意思，对方一方面会感到被接纳，另一方面可以有重新思考的机会。可能小敏自己听完，觉得被接纳了，就开始往正面去想：怕也没有用，可能是自己想多了。

人性化表现之四：话语有恩慈，彼此安慰，彼此建造。

品格与人格特质

和和每隔几年就会做一次人格测评，她发现无论是哪种分类，她都在从专属一种人格，往多种特质发展。和和不禁困惑了，难道是自己知道标准答案，以至于测试不准了吗？经过咨询，和和得到了答案，不是测试不准，而是自己成长了。

人格特质代表了天生的倾向和固定的反应模式。根据第1章的生命公式，随着价值观的更新，我们的反应、习惯、品格等都会成熟及被改变。虽然我们骨子里的特质未变，但是随着人际互动的增多，技巧和品格渐渐就弥补了人格的缺失，我们也就越来越具备多种特质了。

善良、尊重、公正、责任、自由、诚实、自制、勇气等等品格因素，都是人类社会共同生活必然存在、作为社会人应具有的基本品格要求，它们应该成为每个人的人格特质的构成部分。当这些美德成为我们的人格后，人际相处自然就会变得和睦起来。

品格与人际互动

做人先于做事

永旺听了人际关系课程后，变得非常紧张，和人说话怕说错，做事也怕得罪人，因为人际关系很重要嘛！他来问老师，该怎么办？

永旺要明白，人际关系之所以重要，因为人的心需要彼此鼓励，基础是我们带给别人的影响力是正面的，是活力，是生命。品格产生的影响力是大的，所以做人永远大过于做事。

有三个原则给永旺参考：

- 考量事情的出发点，不是怕“错”，而是“爱”；
- 说话做事之前，先安静一下，看看内心怎么想；
- 问问自己对此的价值观是什么。

品格的意思，就是在人前人后、明处和暗处一个样，都是一样的反应和态度，是内心的东西在日常生活中稳定的状态和倾向。所以，最重要的是看重和坚持信念，即价值观。

虽然我们在与人相处中，情况是瞬息万变的，我们不应该仅仅纠结于怎么办、怎么说。最为主要的，就是快乐做自己，我们的人际互动，就是在展现自己的品格，表达自己的人生态度，将诚信、爱心和高尚的气息带给别人。

有品格的人吸出人性之美善

品格不应该只是一个特质，确切地说，它是正确的价值观在人际互动中所带出来的一种正向的能力，称为“品格力”。

人性中有善有恶，同样一句话，有品格的人说出来，常带出正向的能力。没有品格的人，虽然说出正向的话来，但是无法产生影响力。与有品格的人在一起，我们非常希望展现我们人性中的美善部分，这就是生命之美、品格之美。

你愿意和别人互动中，是把对方的负面和弱点都“吸引”出来，还是把对方的美善和那些有助于友谊和幸福的部分“吸引”出来？

如果是后者，那么就来认识品格的魅力，并且把诚信、爱心、梦想开始构建在你的生命与生活之中吧！

人性化发展过程，就是指在生命的成长过程中，重人性、讲人性、活出人性化的过程。在与人相处中，若我们尊重人性的需要，活出人性化的生活，人与人的相处自然是和谐且融洽的。

人性化发展，需要年日的积累和实实在在的操练。在与人互动中，若我们发现自己都在用人性的弱点与人相处，就该承认发现问题是好事情，因为那是改变的开始。人性化的基础是品格，认识品格的魅力是这章的重点，而活出人性的美善，特别看重互助和关爱能力的培养，会帮助我们与人相处，可以得心应手。

本章思考与练习

1. 情景时间

1.1 小魏做事总是患得患失，既怕事情做不好，领导不满意，也怕话说不好，得罪了朋友。请你为她提供几个原则，帮助她更好地成长。

1.2 小马对文军很有意见。文军到哪里都一副领导的派头，昨天班级搞卫生，他一会儿去指挥大家怎样分工，一会儿去指导谭静怎样擦玻璃。而这一切都应该是副班长小马的职责呀！若小马来找你抱怨，请根据不同的人格特质，帮助小马分析梳理。

2. 请总结本章提出的人性化表现有哪些?

3. 自我检测：请上网搜寻九型人格的测试题，为自己做人格测试。

4. 当你的两个朋友发生了矛盾，你通常是怎样劝解的？当你学习了本章内容，了解了不同的人格特质后，你会怎样调整你的劝解方式?

5. 请结合本章的一个案例，讨论你对人性化的理解和应用。

Part 5

双向性沟通

引子　围脖的故事

芳芳拿着一团毛线球，对莉莉说:“你织个围脖给我吧！你那次说你的围脖是自己织的，我好喜欢哦!”

莉莉低着头，很没底气地说:“可是我……”

不等莉莉说完，芳芳急忙说,“不会叫你白织啊，我要请你吃饭!”

莉莉:“我……”不等莉莉说完，芳芳就跑开了，边跑边说:“一个礼拜哦!”看着芳芳的背影，莉莉的话才吐出来:“我的手破了……”

请你猜猜，一周后芳芳发现莉莉未织好，会怎样说呢?

听完和和的故事，乐乐的猜测是，一周后若是看到围脖没有织好，芳芳一定会气着说:“你这人有问题，答应好的事不做!”美美对此的回应则是:“根本就是没有沟通好嘛！我想芳芳可能会生气，觉得莉莉不诚信，从此不理她了。”

沟通需要学习

是莉莉的人品有问题吗？上一章提到，每个人的人性中都有美善的一面。其实，人与人的沟通问题，多数是技巧和智慧的问题，不要轻易牵扯到人品问题。没有人生来就是沟通高手，每个人都要认真地学习如何沟通。

双方都得介入

从芳芳和莉莉的误会我们看出：沟通的双方都得介入。芳芳没等莉莉回答，就误以为莉莉答应帮她织围脖了。虽然莉莉还是慢慢说出来了，可是芳芳已经等不及先跑掉了。在沟通中，有时我们需要耐心一点，不用帮她说，也不用催她说，多给对方一点时间，而这可能是我们唯一能做的。另一方面，莉莉害怕是没有用的。有句古话说，你所惧怕的必临到你。越不敢说，在沟通及事后的结果中越是被动。

双方都需确认

芳芳不仅误以为对方答应了，甚至还单方面地定好了“交货”时间。其实，所有的信息点，都必须得到双方的确认。

沟通的双向性

一位老人退休后闲得无聊，于是买了只鹦鹉，天天教它说话，每早必教它说："早上好！"

可是几个月过后，鹦鹉仍不开口，老人为此十分气馁。这天早上，他走过鹦鹉的笼子，想想鹦鹉至今没有任何反应，决定不再继续教它了，就从鹦鹉笼子旁边走过。谁知，鹦鹉突然对着他大喊道："老头儿！今天牛了啊！见我也不问好了?！"

请思考：

- 鹦鹉和老人这两方对此事件的理解有什么不同?
- 你是如何知道鹦鹉的心意的呢？当鹦鹉不开口，老人的感觉怎样?
- 鹦鹉听到老人"问好"，态度如何？老人不理它后，它又怎样回应?

很明显，老人和鹦鹉对此事件的理解差异极大。老人觉得是在教鹦鹉说话，但鹦鹉觉得他在向自己"问好"！从这个笑话，我们可以看出，现实生活中的很多矛盾，小到居家养宠物，大到国与国的战争，很多都是不良沟通所导致的。

若不是鹦鹉开口了，老人永远都认为这个鹦鹉是不会说话的！这只鹦鹉居然傲慢到，对"问好"不理不睬，但当别人不再理它时，却大发脾气。当鹦鹉不开口时，老人很气馁，想放弃。因此，我们要开口，懂得礼貌回应。

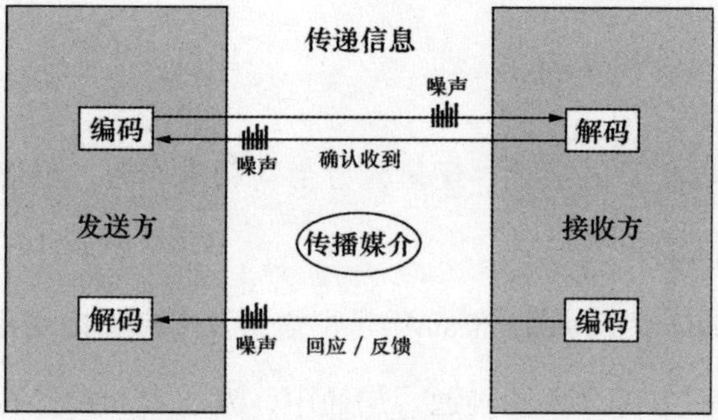

沟通的基本模型

沟通的模型

为了更好地学习沟通，这里有必要先来认识一下沟通的基本模型。见下图。

基本的沟通模型，包括沟通双方，即发送方和接收方。媒介指沟通渠道，例如电话商谈、电子邮件、当面沟通等，而噪声则指干扰信息传递的任何因素。

- 编码：发送方把思想或观点转化成语言。
- 传递信息：发送方通过沟通渠道（媒介）发送信息。信息的传递可能受各种因素的干扰（噪声），如距离、不熟悉的技术、文化差异和缺乏背景信息等。
- 解码：接收方把信息还原成有意义的思想或观点。
- 确认收到：接收信息后，接收方须告知对方收到信息（确认收到），但这并不一定意味着同意或理解信息的内容。
- 反馈/回应：对收到的信息进行解码并理解之后，接受方把还原出来的思想或观点编码成信息，再传递给最初的发送方。

沟通时，发送方负责传递信息，需确保信息的清晰性和完整性，并确认信息被正确理解。接收方负责接收信息，正确理解信息，并告知收悉，做出适当的回应。

双向性沟通

无论是老人养鹦鹉的笑话，还是芳芳与莉莉的误会，都使我们得出以下的结论：沟通是双向的。

双向沟通（bilateral communicate）是指信息发出者和接受者在沟通中，双方地位不断变换，双方都介入的沟通。沟通中，发送者和接受者双方不断在倾听和回应之间交换，且采取协商和讨论的姿态，信息发出以后还需及时听取反馈意见，必要时双方可进行多次重复商谈，直到双方共同明确和满意为止。典型的双向沟通有交谈、协商等。单向沟通多用于报告、命令传达等情景。对于人际关系的互动，感情的交流，双向沟通则更合适。

双向沟通的优点是沟通信息准确性较高，接受者有反馈意见（回应）的机会，能促进双方产生平等感和参与感，增加自信心和责任心，有助于建立双方的信任。有经验的沟通者，能够在沟通的过程中掌握住问题的关键，应用倾听、分辨、提问、回应等能力进行谈话的把控，并使双向沟通简洁、有效。

单向沟通与双向沟通的比较

因　素	结　果
时　间	双向沟通比单向沟通需要更多的时间
信息和理解的准确程度	在双向沟通中，理解信息和发送信息者意图的准确程度大大提高
置信程度	在双向沟通中，接受者和发送者都比较相信自己对信息的理解
满意	在双向沟通中，接受者和发送者都比单向沟通较易满意
沟通噪音	与问题无关的信息较易进入沟通过程，双向沟通的噪音比单向沟通多

小练习：下述场景是双向沟通，还是单向沟通？是的画“√”，不是画“X”

1. 唐唐每次都说个不停，对方根本插不上嘴，但唐唐自认为很会沟通。（ ）

2. 佳佳听到关心她的问话，心里一堆故事，不知从何说起，就干脆不回答。（ ）

3. 强强训斥起人来，一套一套的，别人都说不过他，觉得没他口才好。（ ）

4. 小军和娇娇是大学同学，毕业后在同学聚会上各自吹嘘老公和大哥。（ ）

真正意义的双向沟通，应该具备以下的特点：

- 双方都得介入，沟通不是一方的教训、自顾自高谈阔论或单方询问；
- 有问有答才是双向的，佳佳要学会表达内心的想法，适当做出回应；
- 沟通不仅传递信息，也在乎心灵的分享，伴随着思想和情感的交流；
- 吹嘘增加不了价值，不是真正意义的沟通，真实是任何交流的基础。

怎样进行双向沟通

沟通模型中，信息发送者和接受者不断地在发送、倾听和回应之间交换角色，因此，沟通过程可被分解为表达、倾听和回应三个环节。在进入沟通三环节前，我们有必要先来认识沟通的核心价值，这是做个好沟通者必须具备的。

沟通的核心价值——温暖、尊重与真实

温暖，指向对方表达真实的爱及祝福。有位知名电台播音员曾说，面对众多无法看到其面孔的听众，她唯一要做的，就是在对方的心中，留下一个笑脸。健康的沟通者必须具备这样一种心态，无论沟通的目的有没有达到，但今天的沟通一定要带着一颗温暖的心。看来，沟通不是一种讨价还价，是一种传递爱的方式。

尊重，即借着沟通使对方感到有价值。斯坦顿（Standal）曾说，无条件地尊重，是沟通过程的基本要素。我们在沟通中，必须尊重对方的说话习惯、语速节奏、特有观点等。请时刻记住，人类最深层的需要是被尊重。

具有同理心的人，可以打心里尊重对方，传递温暖。同理是指站在对方的立场去了解他的认知和感觉，并智慧地做出回应，以表达我们的认同。同理绝不是以上对下的心态，如“我是来帮助你的”。同时，同理也不是同情，而是一种平等、理解的心态，指对别人的问题、情绪和软弱有认同感。

我不会说话怎样沟通？

很多人以为沟通仅是说话，因此那些自认不会讲话的人，一谈到沟通就“卡”在那里。但心理学家是怎么说的呢？

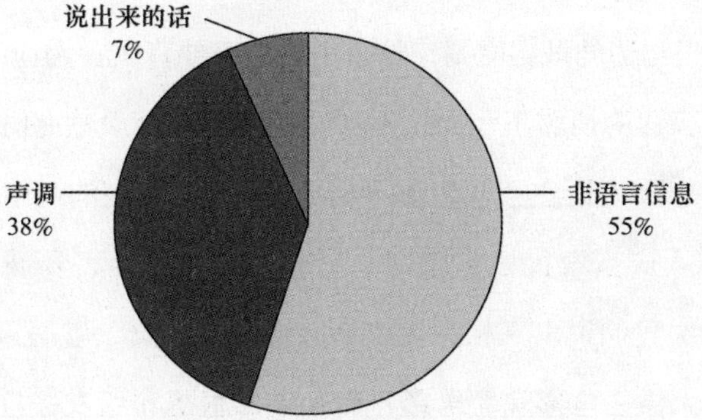

沟通的效果

根据加州大学洛杉矶分校的梅里比恩教授（Albert Merribien）为期十年的研究发现，沟通的效果有55%来自肢体语言，38%来自语调，而说出来的话仅占7%。据此而言，你是否具备群众魅力，有没有说服力，除了所讲的内容外，你的肢体语言、声音腔调等都是关键。在沟通过程中，非语言讯息和声调占了93%，如敞开的姿势（open posture）、向前倾（leaning forward）、适当的目光接触（eye contact）、放轻松（relaxing）、座位安排（sensitive seating）等。

请试着思考“进入”下面的场景：

- 一位客人在退货时，售后服务人员的语速越来越快。
- 好友的爷爷因病去世，他很难过，你用欢乐的语调去安慰他。
- 你希望欢迎来参加联谊会的每位嘉宾，但你说的时候，眼睛往下看。
- 一位朋友告诉你他非常愿意去一个团体，原因是每次他一出现，该团体中另一位兄长总是会热情地走过来拥抱他，这让他心里感到非常温暖。

我们在非语言信息中所传递的温暖和尊重，其比重明显过于我们所说出来的话。同样，上述场景也使我们体会到，话语的内容固然重要，但语气、语调、语速、目光、眼神、手势、肢体是否合宜也都很重要。一个拥抱就可以使人感到温暖，沟通的目的就达到了。看来，沟通者必须时刻谨记：务必尊重、传递温暖。

真实，是指沟通的诚实原则，除了话语内容要真实，沟通的心态也要真诚。说出的话语和表达的情感不夸大、不吹嘘、不躲闪。虽然有时人的思想里会有这样或那样的想法（请注意，想法不构成说谎），但在沟通中，特别是回答别人的询问时，人应当奉行诚实原则。另外，与人相处，要诚信守允诺。因为你会发现，每次我们说出真相，友谊都会增加；相反，虚假只会破坏友谊。

向东想约大伟去电影院看电影，而大伟却很想和朋友去打牌。当向东提出邀请："大伟，咱们去看电影吧？"大伟却说："哦，我不行，功课太多了，我得赶作业。"于是向东自己去看电影了。第二天，向东又遇到大伟，就问他："你昨天功课赶得怎么样？"请问，大伟要如何回答？这样的沟通能促进友谊吗？

其实大伟当时可以回答说："哦，谢谢你想到我，只是我好想和人打牌啊"。试想一下，若是有人告诉向东，昨晚看见大伟在打牌，向东心中会怎么想？

"白谎话"，多指那些试图保护别人的情感，或双方面子的假话。总是有人觉得，说点白谎话，既保护了别人的感受，又方便了自己，有什么大不了的？

看看吴凯的经历，可能会使你换个角度想一想。

吴凯和女友交往5年了，女方父母约吴凯到家里做客。吴凯平常最讨厌吃香菜了，一闻就想吐。这天，女友的妈妈特别做了香菜包子招待他，当问他觉得包子味道如何时，面对未来的丈母娘，吴凯该如何回答呢？他的回答是"太好吃了"。吴凯至今结婚17年了，每次到丈母娘家，妈妈都要特意蒸上一笼香菜包子……

沟通中要留意说出的事实。小军和娇娇，各自“搬出”大哥和老公。小军的大哥的确曾人脉很广，但去年因贪腐入狱了，而娇娇的老公为了给她买名牌车，自己只得骑自行车上班。若是别人事后知道了真相，友谊会增加吗？

讨论时间：每个人分享一个自己说出真话的时刻

我们要反思自己的说话习惯，思考那些说出真话的时刻，及其对增加友谊的影响。若你还在纠结“白谎话”，就请换位思考一下。换你邀人看电影，希望对方说假话吗？虽希望得到对你做事的肯定（如蒸包子），但喜欢假意奉承吗？

换成心爱的人试试——The loved one test

在回应和沟通时，有时我们会想“蒙混过关”。这时，一方面利用换位思考，若是自己处于对方的立场，希望什么样的回应？另一方面，还有一个方法帮助人拒绝说谎，就是把对方换成自己心爱的人。例如，售货员若很想把东西销售出去，这时，要说出全部的事实吗？但如果来买东西的人是他的母亲呢？

沟通的核心价值，使我们晓得在沟通中，要以什么样的心态对待沟通中的另一方：用同理心、带着温暖、内心尊重、真诚属实。当我们在这些心态上调整并成长后，根据沟通三环节，也要对自己提出下面几方面的技巧要求：

- 表达和分享时，内容清晰、重点突出、善用情绪、配合肢体；
- 倾听和理解时，完全倒空、谦和认真、准确全面、懂得核实；
- 回应和反馈时，及时确认，使用同理、逻辑思考、真实智慧。

分享与表达

沟通中双方的表述和分享会直接影响沟通效果。其中，最重要的就是明晰（Clarity），即明确清晰的意思。双方沟通的内容必须是真实的，态度是尊重并带着温暖。要避免向小军和娇娇那样，因怕被同学比下去，采用吹嘘的方法。

佳佳因为自己是大专毕业，现在又读了一所不怎么出名的大学（专升本），觉得一定要拼命读好。虽然她知道，朋友告诫她不要读得太辛苦是出于关心，但是她怕读不好，在亲戚面前丢人，又表达不出来，就干脆不理人。其实沟通在乎心与心的交流，若是可以把内心的挣扎和愿望说出来，就是很好的分享了。

唐唐在表述时，使用了手势和表情，这是好的。她虽讲得口若悬河，但接收方完全抓不住重点，她也不给对方核实和确认的机会。看来，表达要有重点、重节奏。

沟通练习：请两人一组，每人用5分钟和另外一人分享以下事项

1. 这周中，一件最让你开心或兴奋的事情；
2. 这周中，一件令你不高兴或难过的事情；
3. 说出一个你今年希望达成的愿望；
4. 向对方提出一项请求，避免用命令或勉强的方式。

4F沟通法

在沟通、辩论、商谈、面质（当面对质）时，我们需要掌握好四个F：

- 事实（Fact）–实际发生的状况、真实的过程或数据；
- 感受（Feeling）–事件所带给你的情绪/情感反应；
- 认知（Finding）–你个人对此事（或状态）的看法（你的价值观）；
- 行动（Future Action）–沟通后双方各自需要改进或采取的行动。

一个良好的分享就是说出“事实+感受+认知”。首先要分清事实和感受，哪些是真实发生和存在的，哪些是个人的情绪感知部分（内心体会）。有些人只讲感受，描述起来很玄（全部是形容词），若是能举一个例子，讲出事实的部分，会帮助倾听者明白。而只讲事实，传递的仅是咨询，显得硬邦邦的。一个健康的分享，应该可以描述出情绪与感受。学习描述内心的状态了，就开始在管理情绪了。

另外，也要分清事实和认知。认知是我们个人的看法和意见，不一定代表着真理。健康的分享，应该是摆出事实，说出感受，既晓之以理，又动之以情。无论怎样表达和分享，能说出内心真实的想法和感受都是沟通的关键。

成长时间

请根据下述分享和表达的原则，思考刚才你所分享的事项，讨论怎样成长：

- 分享是说出事实（Fact），表达出想法（Finding）和感受（Feeling）。
- 表达时，内容（事实、认知）要清晰，有重点，避免长篇大论。
- 真实是一切表达的根基，话语要准确合宜，沟通是个交流过程。
- 学会捕捉到感受，表达出情感，这是一个认识自己，管理自己的过程。
- 善于使用非语言信息，如语气、手势、肢体语言等，加强表达的效果。

好的倾听者

沟通是双向的，其效果不仅在于表达，也要重视倾听。好的倾听者，才能成为好的回应者。好的倾听者，通常都可以专心听（接收），能准确全面地理解，给出适宜的回馈，并成功将自己接收方的角色，转化为发送者，进入沟通的双向循环。

倾听的五个心态

1. 克服自我中心：倾听不是谈论自己，而是关注对方，等待接收信息。
2. 不要自以为是：接收方不要总想占主导地位，可反问自己是否有成见？
3. 定义尊重对方：不轻易打断，按着对方的节奏，接纳别人讲话的特点。
4. 完全倒空自己：将自己的心变一张白纸。切勿匆忙下结论，急于评价对方的观点。避免把精力放在反驳，不要使思维跳跃得比说话者还快，要耐心听。
5. 专心注重细节：不要走神，眼睛看着对方，用心记住对方所说的内容。

小练习：传话小游戏

将参与者分成不同队，每队5人以上。先把纸条给各队第一位成员，他可以看到纸条上的内容，其他成员只能靠口口相传。成员间要保持间距，使传话不能被第三方听到。第一位看到纸条内容后，根据记忆讲给第二个人听，依次传下去，直到最后一位。传话完毕则请最后一位当着全部的人，复述他所听到的（相当准确还是错得离谱）。若有错误，则成员按从后往前的顺序复述自己听到的，直到请第一位队员念出原稿。那些参与者多数都开始思考："我的听力是否出了问题？"

传话内容：婷婷毕业后做了秘书，老板叫她预备周四的会议。要准备24份会议文件，通知各部门9点准时参加。中午订午餐，其中4个素的，10个鱼的，10个鸡肉的。还有，一早去车站把刘经理、白小姐接到会议室，别忘了做会议记录。

倾听的四个层次

第一，听懂别人字面的意思。做到准确+完全。大部分的人，都需要在这个阶段持续成长，他们很难听清楚、听准确、听完全别人说给我们的话。

第二，听懂别人想表达但没有表达出来的意思。例如我们请对方出去卡拉OK，对方说了一大堆，其实是不想去。

第三，听懂别人心灵层面的问题（可能连沟通者自己也未必知晓）。例如，有人讲了一大堆问题，自己都没意识到，但辅导老师听出其抱怨的倾向。

第四，听出自己的成长方向。所有的问题都应带出成长的目标。

人都很想达到第二、三个层次，但多数人连第一个层次也过不了关，当然也很少注意到第四个层次的倾听。如同传话游戏所显明的，即使是第一个层次——听懂别人字面的意思，对很多人已经很难了。有时老师或老板通知一件事，会众大概可以听成三四种情况；或是别人交代了三件事，只听到两件；老板明明要求擦桌子，结果扫了半天地。这些都是活生生的例子，因此，我们要第一个层次下大工夫。

听懂和理解别人的意思，要求听得仔细和完整。重点是认真，做到心理专心、生理专注（眼睛等），注重细节和有全局观。复述（核实）会帮助我们，例如，听完再复述给老板确认："老板，您的意思是否为……"

还有一个秘诀就是心态谦和。不光外面的耳朵在听，里面的耳朵也要"打开"。谦和不高傲，才可听进别人劝诫的话。心态是低伏的，耳朵才能听清楚。

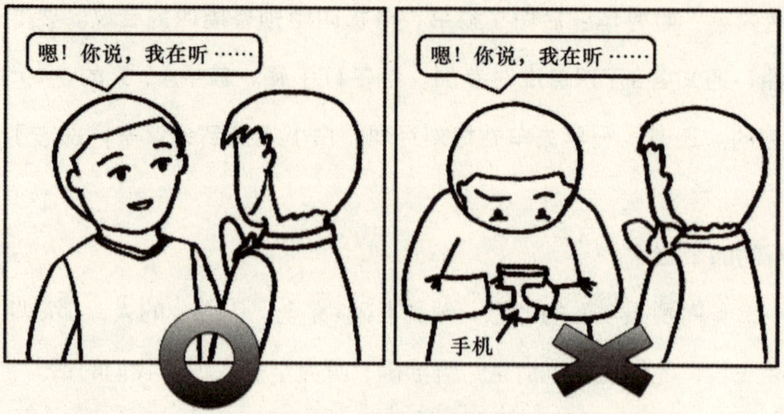

完全的倾听

表达者在分享时，包括发生的状况+内心的感受+自己的看法，作为一个倾听者，除了听到事实和观点的部分，也应听出说话者所传递的情绪感受。

小短剧：你怎么了？（What's up?）

三胖：（一瘸一拐地上场），哎哟，好痛呀，（一边说，嘴里一边吸气）。

朋友甲：三胖，你怎么了（What's up）？

三胖：咳！别提了，我刚才走到拐角，不小心碰了脚，好痛啊！你怎么在这儿？

朋友甲：我在找我的笔，对了，你看到我的笔没有？

三胖：什么？（三胖继续一瘸一拐往前走，同学乙上场。）

朋友乙：你怎么了？（What's up?）

三胖：我刚才走到拐角，不小心碰了脚，好痛啊！

朋友乙：哦，要小心啊！三胖，听我说，男子汉，大丈夫，不怕痛，走直了！

三胖：啊?!

朋友丙：（跑上台）三胖，怎么了？（What's up?）

三胖：我刚才不小心碰了脚，脚很痛。

朋友丙：哎呀，你一定很痛吧，碰到脚很难受的（伸手去扶他）。

三胖：对呀，谢谢你这么理解我！其实也没什么大不了的。

在这里，碰到脚是事实（内容），很痛是三胖的感受。朋友甲似乎“有听没有见”，仍在找丢的笔。乙虽听清了三胖的内容，但没有接收到他的感受。丙听清了内容和感受，还将感受回应给三胖，使三胖觉得丙最了解自己。当三胖从别人嘴中再听到此事，反而有了新理解：碰到脚虽痛，但没什么（这才是真的帮到三胖）。

回应	说明
甲：“你看到我的笔了吗？”	回应者既没有注意到说话者的内容，也没有留意到说话者的感觉。
乙：“哦，下次要小心啊！男子汉，大丈夫，我们不怕痛，走直了！”	回应者注意到说话者的内容，但是没有留意到对方的感觉。
丙：“哎呀，你一定很痛吧！你碰到脚了，现在走路都在痛呀。”	回应者专心注意说话者讲的内容，然后也将他/她的感受回应给对方，帮助他/她对发生的事获得新的了解。

在沟通中，我们要学习体会别人的感受，这样才能使沟通的效果最好。除了多与人交流外，也当多认知自己的感受，从表达自己的感觉开始练习。另外，在倾听时，既要留意对方的语言信息，如谈话的主题、时间、惯用词句等；也要借着视觉、听觉、触觉甚至嗅觉来“倾听”（观察）对方用非语言信息所表达的感受。

对观察到的行为，可能有不同的解释，但它会为我们进一步的沟通提供一些线索。下表是说明观察到的，可能与解释（推理）存在某些区别。

观察与解释的区别	
观　察	解释（或推理）
和和将资料夹丢在地上	• 和和很生气 • 和和发疯了 • 和和想做个示范
乐乐一边听和和讲话一边不时看表	• 乐乐觉得无聊 • 乐乐饿了，想下课吃饭 • 乐乐内急，想要上洗手间
美美咬指甲	• 美美很紧张 • 美美正在想事情 • 美美很无聊

完全的倾听，指在具备了5个正确心态，掌握了倾听四层面的基础上，配合观察和推理，学习听出对方的内容和感受，以便倾听者顺利进入到回应的环节。

五种回应方式

在双向沟通中，倾听也是为了可以良好地回应，常见的回应方式有以下五种：忠告、解释、支持、探索和同理式。

同理式回应及试探性说法

朋友丙向三胖的回应，其实是一种同理性回应。同理即让对方知道你对他有准确的了解。使用试探性的说法使我们易与沟通者拉近关系。

1. 常用的试探性说法有：

• 听起来，你是说……

• 你的意思好像是……

• 如果我没听错的话，你的感觉是……

2. 同理性回应有三个基本步骤：

• 指认出对方所表达出的感觉；

• 指出对方所表达出的想法；

• 以试探性的口吻、用自己的话，把你所听到的想法和感觉做出摘要。

3. 试探性的说法，可以这样进行：

听起来好像是说……所以你觉得很不高兴/很生气/气坏了（感觉）。

例如，对方说："我对我的朋友很生气，他爽约！"

可以采用的同理式回应举例：

"听起来是说，一想到朋友爽约，你就觉得很生气！"

"你的意思是说，想到你的朋友爽约，你觉得很不高兴，对吗？"

4. 请两两练习上面的对话，体会如何进行同理式回应。

常见的回应方式

• 忠告：判断是非好坏，告诉分享者应该做什么。比如："你不该有这种感觉，你应该想想至少还有像琳琳这样的朋友。"

• 解释：说明问题所在，帮分享者解释问题的原因。比如："我想你为她们的到来做了很多准备，一定很累哦！"

• 支持：安慰，减轻感觉。比如："哎！很多人对她都有意见呢。"

• 探索：寻求更多的资料，告诉分享者该谈些什么。比如："你是不是跟她们吵架啦？"

• 同理：查证自己是否已了解说话者的意思，澄清问题。比如："你的意思是说，你看她们不来，心里不好受，对吗？"

回应方式对沟通的影响

忠告式的回应，常常流露出:“我比你更了解你的状况。”会造成对方觉得自己比较差劲的印象。可能会妨碍谈话或使谈话中断，促使对方采取防御的姿态。

解释式的回应，提供资讯给分享者，同时将谈话导入理性，使分享者脱离感觉层次，可能封锁进一步的谈话，也会将焦点移到回应者自己身上，阻碍沟通。

支持式的回应，降低了对方的孤独感，但同时也冲淡对方的感觉。有时对方会有你根本不了解他的感受。要记住，一个人的经验永远不可能和其他人完全一样。

探索式的回应，引导对方增加新分享，但对方本来有各样的想法或感受要分享，但由于所问的问题，他只能谈那一点，范围缩小了。谈话的主导权转移了。

同理式的回应，让对方知道你听到什么，查证是否为对方的原意。这是开放式的回应，对方能自由选择下面想说什么。谈话的主导权没变，又传递了关爱。

适用时机和使用原则

忠告式的回应：当对方主动请你提供建议或给予评价时；当对方想要知道你的看法及可能做法时；你的评价没有贬抑的成分在内，是真诚的、具有建设性的。

解释式的回应：你确知对方愿意接受你的分析或解释；对方实在缺乏你具有的知识，且你不是为了炫耀，而是出于真心想要帮助对方；避免使用绝对性的口气。

支持式的回应：适用于对方情绪低落、孤独或需要鼓励时。

探索式的回应适用于当你对对方的叙述不清楚时，或当你需要更多的资料时。

同理式的回应：改换了说法，容易使人产生亲切感，易于进入深层次的沟通，使人易于打开心，让沟通在内容、感受、挣扎等多方面展开。采用这种回应方式要有不批判的作风，同时也应该与其他回应方式配合使用。

确认的重要性

有时候，我们无法立刻对分享者的信息做出反馈，就要先确认，想清楚后再回应。沟通中，不要怕停顿，表达中可以停一下，回应也可以缓一缓，避免匆忙作答，造成失误。鹦鹉收到老人的“问候”，没有确认收到，也没有核实信息，更不想了解老人的意图，采用了不确认不回应的态度，这是沟通产生误会的主因。

- 如何回应和反馈可以缓一缓，但收到信息后，需及时向对方确认收到；
- 确认的方法有口头（“知道了，我想想再回答你”）、电邮、短信等；
- 确认彼此话语的内容和含义，有必要的话，要及时询问、纠正或澄清。

小练习：请用五种回应方式，对美美的说法进行回应，并讨论比较。

乐乐被妈妈限制玩手机，他就硬拿走美美的手机，玩起游戏来，结果被乐乐的妈妈发现了。美美对和和说：“乐乐真烦人，明明自己拿的手机，却不敢承认！”

有效沟通的要点

有效的沟通，体现在对的时间、对的地点、向对的人，传递准确合宜的内容。

- What——沟通的内容（事实+感受+认知），做到清晰、完整、有重点；
- Where——选择合宜的地点，如安静的角落或使对方感到放松的场合等；
- Who——找出正确的沟通对象，把信息传递给对的人或正确的群体；
- When——沟通时间点至关重要，既要考虑及时性，也要等待恰当时机；
- How——话语有智慧、有技巧，能提高沟通质量，使双向沟通进行顺畅。

上一节就着沟通的核心价值、如何分享与表达，怎样倾听与理解，常见的回应方式等方面做了讨论。下面要结合案例分析，来看看怎样进行有效的沟通。

案例分析：红红与三个好友——娜娜、玲玲、芳芳。

这天，红红邀请三位好友星期日来她家玩，三人欣然同意。娜娜说："好，周日那天我先去逛街，然后就到。"玲玲问："红红，要几点到啊？"红红说："三点哦，我会在家里准时等你们。"

快人快语的芳芳说："没问题，三点见。"

周日三点钟，红红等在家里，可是一个好友也没出现。她的三个好朋友在干什么呢？三点过一分时，玲玲打来电话说："红红，对不起，我在公车上，有点塞车，估计要晚五分钟。"接到玲玲的电话，红红的心立刻平静了很多。

娜娜在这个时候，正逛街逛得高兴，觉得还没尽兴，就打给芳芳说：“帮我和红红说，我去不了啦。”芳芳呢，当她正准备出宿舍去红红家时，碰到了强强。强强是学生会干部，也是芳芳心中的“明星”。强强说学生会组织看一部电影，问芳芳要不要去，芳芳迟疑了一下，说：“我要去红红家。”可是，转念一想，马上说“好”。强强提醒她要和红红说，芳芳却回答“不用”，因为她觉得红红和自己是好朋友，以后再说也行。可后来红红问她，她却回答说：“因为强强拉我去。”

小讨论：1. 请列举各位好友在沟通方面做得好的，以及需要改进的部分。

2. 为何接到玲玲的电话，红红顿时觉得心里安定下来？

3. 当你临时有事要爽约时，你要在什么时间去通知对方？

明确沟通对象（Who）

沟通的对象不是自己

围脖的故事告诉我们，芳芳的沟通对象应该是莉莉，但是她好像都在“自言自语”。当莉莉没反应时，她说:“不会亏待你哦!”她单方面猜测、假设莉莉的想法，并自己做出回答。整个沟通过程，她其实是和自己的想法在“沟通”。当莉莉还没回应她时，她说“一个星期哦”，然后就跑开了。她以为莉莉已经答应她了，但遗憾的是，这个“答应”是她自己想象的。因此，请切记：自己不是沟通对象，对方才是。

请人代劳不如亲自沟通

红红邀友的故事里，原本答应要来的娜娜，临时来不了，她不应请芳芳代劳。事情的结果是，芳芳自己也到不了，自然也不会帮娜娜带到话了。娜娜的沟通对象此时不应是芳芳，而应是红红，因为她之前答应去的沟通对象是红红。明确沟通对象，对于交友是非常重要的，因为这会极大地影响我们与朋友的关系。

掌握沟通时机（When）

及时性

从围脖的故事可以看出：莉莉没有马上回应，导致别人还误以为她的品格有问题。沟通具有及时性，对别人给予的帮助，及时说谢谢；有不明白之处，或是有了误会之后，应尽快澄清；有时沟通结束后，才反应过来，也要尽快更新。

玲玲在回应红红的邀约时，当场就确认时间。当她不能赶到时，也及时电话通知了红红。换位思考一下，到了三点仍然不见朋友出现的红红，心中一定不安，而玲玲的电话，则平稳红红的心情。

诚信的人若是已经答应了对方，就当尽量做到；若临时有状况，应该在约定时间前通知对方自己的状况和决定。很多事情，在乎尽力，无法完成允诺时，要让对方了解，做到真诚、透明、直接、准确和及时。

合适的时机

芳芳认为自己和红红是好友，因此临时改变主意是件小事，但事后她发现红红很生气，不再理她了。这下她可慌了，一会解释说:“是强强硬拉我去的”，一会儿买好吃的哄红红，但无论怎样，红红就是不想理她。

人际交往贵在诚信。芳芳平时在学校里，私自离开也不请假。若哪次请假了，老师问请假理由，她也不愿意说。芳芳的行为一直没有得到纠正，以至于上班后，因不遵守公司请假制度，擅自离岗，芳芳曾两次被解雇。看来，坏习惯要及时纠正，人应当看重与朋友的约定，尊重公司的规矩。在沟通方面，芳芳性子急，出了问题就要立刻解决，但红红则习惯先把事情放一放。沟通的核心是尊重，效果在于时机。若是芳芳可以等几天，待红红的气消了，再去道歉，沟通效果会更好。

学习沟通技巧（How）

智慧的言语

1. 换位思考，多用“我”字句

沟通中，要多用“我”。例如玲玲说“抱歉，我赶不到了，在堵车”，红红自然就接受了；而问到芳芳，她的回答却是“强强拉我去的”。她应该说“对不起，‘我’想看电影了”。用别人说事，会产生更多的沟通“噪音”。

换位思考就是多问自己:“如果我是她，我会怎样说，怎样想，怎样做?”玲玲就是想到了红红可能在担心，所以打电话过去。芳芳的“不用说”其实是她自己的想法。如果换做是自己要请三个朋友来，朋友不来又不告诉自己，芳芳一定会生气的。另外，红红之所以不愿意原谅她，因为她一直都在从别人身上找原因，而非认识自己的问题。因此，芳芳要多做换位思考，多用“我”字句说明情况。

2. 使用诚实原则，既表达事实，又说明感受

娜娜为什么要芳芳代替自己请假呢？她或许怕红红生气，但躲闪反而会失去朋友。她可以说:“我很想去你家，但还没逛够（感受），东西没买全（事实），下次我准去好不好?”。而围脖故事里的莉莉，也应勇敢说出自己的手破了。

3. 能够认错，掌握道歉的艺术

芳芳若想挽回友谊，等到合适的时机（如红红的气消了，或她比较高兴时），应该去道歉。只要我们造成了关系紧张，就应该道歉。道歉不是要揽过所有的责任，对于不能同意的，还是不该妥协，但我们总是可以就着自己的态度、语气、缺乏智慧等向对方认错。道歉是一把打开人心的钥匙，但也是要讲究艺术的:

- 道歉要开门见山，直白认错（平息对方的怒气），多用“我”字句;
- 邀请对方一起复原过程，分析找出冲突点，分享内心，包括自己的软弱;
- 道歉不揽全责，仅就着失误部分认错，温和告知对方你不能同意的部分;
- 选择合适的场合，既要考虑及时，又要考虑时机合宜，并且事先要预备。

4. 善用称赞和感谢，赞美传递温暖

智慧的话语，有建设性，带给人鼓励和安慰。在反馈意见时，要先说正面的，再指出其不足之处。芳芳可以在道歉时，称赞红红的大度来缓和关系。赞

美的艺术不是谄媚夸大，也不是结果论英雄，而是看中对方的努力，称赞品格和动机：

- 指出动机，肯定心态："知道你是好心，但下次要记得先来和我沟通。"
- 配合事实，称赞品格："老师，谢谢您认真给我们上课！我会感恩了。"
- 结合果效，称赞特质："我听你唱歌，心都快乐起来了。"
- 提醒区别，带来正面："穿这件亮色的衣服，你整个人都显得很精神！"

向名人或擅长沟通者学习

你平常有没有注意到，一群人中，总是有些核心人物，他们很容易吸引到别人的注意力，他们发表的观点也易被别人倾听。其实很多主持人都具有这种魅力，我们要想在沟通中成长，需要观察他们，向好榜样学习，吸取沟通技巧。例如：

1. 注意你的语调，避免太过无聊或平淡。
2. 开始任何谈话之前，先确保大家的注意力已经集中在你的身上。
3. 表达与谈话中，可以适时停顿，把握好节奏。

要点小结

- Who：明确沟通对象，双方都确认，避免“自言自语”和“张冠李戴”。
- When：掌握沟通时间，有效沟通要求及时性，具有时机性，二者要结合。
- How：使用智慧言语，懂得道歉和赞美，多向名人和擅长沟通者学习。
- 表达：清晰是第一位的，不能让人猜我们的意思，也要核实对方的意思。
- 倾听：认真、虚心，不急于回应，在听清楚上下功夫，做到准确且完全。
- 回应：避免不敢回应（莉莉）、不会回应（佳佳）、不屑回应（鹦鹉）。

小练习：帮帮小兰

小兰自从上了“正面话语”的课程后，发现自己说话总得罪人。可是一说话，又“滑出去了”，怎么办呢?

她想道歉，请你结合道歉的艺术，以及各种有效沟通的技巧来帮帮她。

沟通化解冲突

李萌和王飞住同一间宿舍，两人是上下铺。李萌常常半夜不睡觉，打电动，搞得王飞一夜没睡好。第二天早晨还得出早操，王飞觉得很累，心中对李萌很不满。下午的时候，李萌兴冲冲邀王飞一起去踢球，王飞没好气地拒绝了他：“觉都睡不好，怎么踢球?!”说完，他“哐当”一脚踢翻了李萌的脸盆，接着就冲出宿舍走了。李萌感到非常生气，觉得王飞不像话，不识好人心！而王飞呢？他走进自习室，却怎么也安静不下来，根本看不进书，心好乱啊，不知道该怎么办……

这样的冲突产生后，肯定会影响人们的正常学习、生活和工作。如何消除对立，化解冲突，就需要结合之前学习的沟通内容，具备七种转化冲突的能力。

转化能力1——调整自己

调整自己是重要的转化能力，预备自己进入沟通状态。例如，你的脑子糊里糊涂的，如何进行有效沟通？和和分享说，每次带着负面情绪去沟通，结果总是更糟。她的心得是：听到莫名的指责或是与人有了矛盾后，不是急于去解释和沟通，而是先调整自己进入平稳安静的状态，换句话说，一定要等到气消了才能去谈。

很明显，王飞已经气昏头了，他的心乱极了。你猜猜看，他此时是想着急于解决问题呢，还是愿意调整自己？无论怎样，安静下来，才能解决好问题。

调整自己，能安静下来，核心是一种情绪管理能力（详见本书第七章）。而愿意选择爱，在心里开始祝福对方（详见第二章），是最快使人安静下来的方式。

- 心态调整：靠意志力在心里祝福对方；使用爱心，从对方的角度出发；
- 情绪调整：有喊停的能力；提醒自己，快乐更重要；唱唱歌、散散步；
- 思绪调整：放弃生气、报复、害怕等负面思想，思想对方平时的好处。

转化能力2——化解对立

与人相处中，不要轻易树立“对立”。对立多发生在人的心理层面，例如，想到某人心里不舒服，对人有些看法了。此时，若快些祝福对方，用幽默冲淡紧张，或是找对方敞开心谈谈，往往问题就解决了。因为“对立”并非“冲突”。

那么，“对立”是如何转化成“冲突”的呢？要么在沟通中一方的音量突然放大了；要么开始使用不礼貌、有冒犯意味的词语；或是在态度和动作上激怒了对方。王飞本来只是心里生气（对立），但当他没好气地回答李萌，并且有了动作（踢脸盆）后，彼此关系的危机爆发，冲突就产生了。

当冲突发生时，好像关系的中间立起一道墙，又好像“沟通之门”被关住了。和和、乐乐和美美讨论出六种“开门之法”，其相对应的冲突化解之法为：

- 用蛮力：用武力、蛮横沟通，强迫对方接受我们的方式（对抗与激化）；
- 拆下来：不用钥匙，直接把门拆了，避免要开锁的问题（妥协与莽撞）；
- 围着转：不想开门之法，只想着缓和关系，也是在回避（缓解与回避）；
- 找人开：我是没办法解决，让别人来处理、化解、帮忙（逃避与退缩）；
- 请教人：我虽想不到好办法，但去请教人找到解决之道（合作与请教）；
- 寻钥匙：思考矛盾产生原因，找到沟通之匙，轻易开门（面对与解决）。

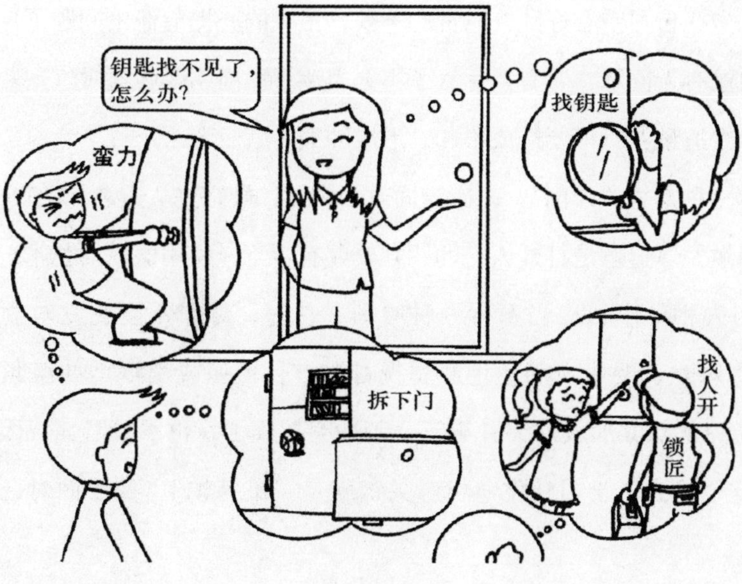

这每一种方法，似乎都可以打开门，但是最容易的，是找到对的钥匙。冷静下来的王飞，面对多种选择，若你是王飞，相对应的六种开门之法是什么呢？无论选择哪个，其实都是进入了思考阶段，这时就需要具有逻辑分析的能力。

转化能力3——逻辑分析

逻辑分析的能力，包含了逻辑能力（想的严谨，说时也不偏题），也包含分析思考能力，如换个角度想一想，跳出来思考，预设思考，等等（若是……，情况会怎样？）。特别是换个角度想一想，常把我们从混乱、痛苦中“解救出来”。例如，他是有问题，但我也有问题，这没准儿是个“化妆”的祝福，其实是个小事情。

安静下来的王飞，开始复原整个过程，我们一起帮王飞来梳理一下思路。

- 王飞在气什么？（诱因是头一晚被搅得没睡好）
- 冲突从哪里开始？（从他踢脸盆，态度不好开始）
- 为什么坐在自习室心好乱？（良心不安，王飞的心提醒他出问题了）
- 王飞自已有无问题？（有，生气了不会表达，反而用踢脸盆撒气）
- 该不该去道歉？（只要造成不和，形成冲突，就应该去）
- 使用哪一种方式“开门”？（应该面对面沟通，最好先从道歉开始）
- 怎样道歉？（道歉是打开人心的钥匙，要有智慧，使用道歉的艺术）

我们在与人相处中，应当奉行一种原则，首先，尽量不要树立对立；其次，一旦感到对立，要快点豁达地心里祝福对方，坦诚或幽默地冲淡紧张关系，务必要避免从对立形成冲突；第三，若冲突形成了，也不要沮丧，因为我们可以把握这个机会，学习转化危机。关键就是“不害怕”，勇于面对，有心“求和睦”。

王飞的确有很多种解决方式，或是严厉要求对方不要再影响自己的休息了；或是要求换宿舍；或是假装什么都没发生过，回宿舍后和李萌聊聊他喜欢的手游；或是找李萌的女友，告诉她李萌有多不像话；当然也可以和班主任聊聊，问问她的建议。但王飞冷静下来后，决定亲自和李萌谈谈，这种当面谈谈，称为“面质”。

转化能力4——当面对质

面质又称质疑、对质、正视现实等，是一种特殊的当面沟通方式。面质是借着指出双方身上存在的矛盾，找出沟通点，形成一种有助于对方或双方关系发展的行动（Future Action，详见4F沟通法）。

大斌去实习单位，一开始和别人处得都很好，但有一次开会，他和一个同事争执起来，随后大斌就开始“怕”与这位接触。办公室的电话铃响了，他怀疑是那位同事打来的，就装作听不见。平常一看那位同事出现，就快速闪人。

当与人相处产生了冲突，我们可以采取回避，但若想交到好朋友，必须要“冒一下险”。当你坦诚说出心中的感受，指出对方在对待我们之间关系的“矛盾”之处时，往往可以“试”出真朋友。王飞可以仅仅道歉，恢复关系就好，等别人遇到类似情况，由别人指出李萌的问题。但若希望解决睡眠问题，就要考虑面质。

面质有时处理的是说话内容有矛盾的地方，不通过质询澄清就会有误会。也可能是言语与内心的矛盾。如对方嘴上说很大度，但行动上显得颇为自私。大斌需要正视现实，与同事谈清楚在工作上存在的误会，从此智慧“争执”，不影响关系。

王飞在此可以使用的面质点，既包含对自己的面质，也有对李萌的面质。

对自己面质：自己并没有和李萌讲真话，其实是昨晚没睡好，因此不高兴。

对李萌面质：你把我当朋友，说是哥们儿，可是自己打游戏高兴就影响我睡觉；你答应你妈要好好学习，可你晚上都在打游戏机等。

使用面质的要点：有事实根据、避免个人发泄、建立信赖关系、循序渐进。

转化能力5——运用语言

道歉的能力

首先，找个安静的地方，诚恳地把李萌约出来。其次，坦诚就着自己的态度、不合适的行为（踢脸盆）进行道歉（不应承担所有错误和责任），“对不起，你本来约我踢球，我态度不好，不该踢你的脸盆。请原谅我，好吗?”最后，根据对方的态度，选择是否面质:“其实我是因为昨晚被你影响，睡不好，心情很坏……结果，你来约我踢球，我却向你发火，这是我不对，真对不起。”

道歉的目的是为了求和睦，因此，切记不能道歉时还是用指正对方的口气。

赞美加鼓励

智慧的言语说到人心中，好像清泉那样滋润人心。肯定别人的心，使用赞美，多用“我”字句，会帮助我们与人沟通。结合诚意的眼神、肢体语言，既然沟通，就需带着诚意。机械地应付，词不达意或心不在焉，是沟通的杀手。

王飞在道歉之后，面质之前，可以试着肯定/赞美对方：

“我看你就比我脾气好，我气了就踢东西，你当场都没发作。”

“我发脾气了，你还愿意出来听我说话，真是朋友，我可以多说一些吗?”

晓之以理，动之以情

干硬的道理，容易带来机械的应付。“大家都是朋友，谁还没有脾气，算了算了”，以至于沟通的不深，下次容易“旧病复发”。说出感受，容易打动对方。例如，“我刚才发完脾气，进到自习室，脑子里乱乱的，就是想着咱俩今天发生的事。”“我来道歉之前，就是想到上次我生病，你用自行车驮着我，边走还边说，咱们是哥们儿，以后有事就找你。”感激的话，使人珍惜友谊。

爱心里的劝解

劝诫的三个要点：

1. 你有看到对方的努力；

2. 怎么做可以更好；

3. 告诉他，这么做的好处。

在人际交往中，朋友当彼此劝诫。若是王飞从李萌的角度，与他来探讨早睡早起的好处，而非仅表示对方晚睡对自己的影响，可能沟通的效果会更好。但说真话谁都会说，能够不带情绪，而是带着爱心说出对方的问题，需要一定的操练。这种在爱心里劝诫对方成长，就是一种升华友谊的能力，使普通朋友进入知己关系。

转化能力6——铺垫引导

无论是打“感情牌”，还是“理性牌”，铺垫能力都是一种疏导各种管道的能力，看哪种管道，可以引入沟通的水流，最后“水到渠成”。以王飞的情况为例，可以直接使用“道歉”这把钥匙，也可以借着学校有一场比赛，邀李萌一起看，二人先大谈球赛（破冰）而热络起来，再道歉和面质，引入正题。这样借着一个“第三方”，先“破冰”“预热”后再进入主题，就是一种铺垫。有时讲一个笑话也会有帮助，总之，铺垫能力是一种润滑剂，需要智慧，使沟通自然顺畅地发生。

转化能力7——达成一致

沟通前，思考希望达成的结果，要预设可能有的局面。沟通中，使用逻辑能不偏题，并灵活处置。危机转化的前六种能力，都是在铺垫。因为沟通的目的不是纠错，辩论出孰对孰错，而是善用面质，运用语言来表达内心希望增进友谊的愿望。这样的沟通，应着眼于未来，找出各自和一致的行动。例如，王飞允诺以后不生闷气，李萌要适当节制玩手游，二人一起去踢球等。达成一致后，冲突完全被化解。

沟通秘籍

沟通的目的是什么？为着寻求和睦，认识彼此，增进友谊，达成一致。冲突化解后，王飞发现，他跟李萌的关系更“铁”了，原来这是个好事情。二人不仅成长了，彼此更了解了，关系也在加深和升华。以往王飞很讨厌沟通，更别说面质了，现在他喜欢上了沟通。

美美听到这里，高兴地说：“太好了，我也不怕了，沟通是好事情。谢谢和和姐！我学到很多。不过，我看到生人，还是不敢主动说话。”

其实大多数的人都不习惯和陌生人说话，于是和和介绍了三个方法。

如何与陌生人开始交谈

微笑打招呼

一句“你好”，一个微笑，自然地开始一个新的关系。坐在同一个课堂，住在同一个病房，乘坐同一辆火车，虽然不认识对方，但简单的问候，就可以破掉矜持和拘谨，为可能的接触做好铺垫。

询问一个观点

微笑打招呼只是“破冰”，若是能开始聊一个话题，双方就会更熟络起来，方法就是询问对方一个观点，例如:“你觉得今天的课怎么样?” “住在这家医院，您有什么感受?” “越来越多的人少乘飞机，转搭高铁了，您怎么看?”询问观点，最好多问些开放性问题，让对方可以随意发挥。当然也可以根据情况，问些封闭式的问题，例如“你喜欢你的主治医生吗”。

参与其中，重视肢体语言

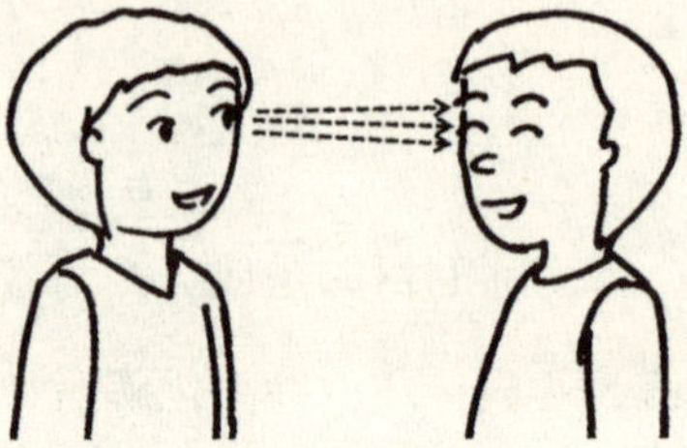

1. 身体前倾，眼看对方，表示感兴趣。

2. 放松，以点头、面部表情回应说话者。

3. “所答即所问”，表示你在与人交流。

如何提出高质量的请求?（避免类似围脖故事的不良沟通）

1. 请求者做到清晰，例如,“你明天可以开车送我去邮局吗?”

2. 允诺者要主动澄清，例如,“你需要我几点送你?”

3. 请求者再次明确请求,“哦，下午三点”，并允许对方“讨价还价”。

4. 允诺者使用诚实原则,“哦，我三点要开会，四点行吗?”

5. 经过协商，双方都确认,“好，那就四点，我去宿舍找你” “好!”

6. 确认后的双方，要做到为请求和允诺，全力以赴。

沟通秘籍

讲完了沟通的双向性、核心价值观、沟通三环节、转化冲突七能力与进入交谈三方法，和和似乎还意犹未尽，她随后和盘托出自己活化使用的秘籍:

- 爱心是一切沟通的桥梁，沟通是为了表达尊重、传递温暖、增进信任感。
- 道歉是把打开人心的钥匙，掌握道歉的艺术，易于挽回朋友的心。
- 与人沟通时，切记不要不知如何回答就呆在那里，要有表情和回应。

- 对立要尽快被转化，秘诀是感念朋友的好，心存良善，愿与人和睦。
- 除非为了保护人的生命和隐私，要尽量讲真话，学会分享内心和软弱。
- 问候每个遇到的人，面带微笑，不敢看对方的眼睛，就看眉毛或鼻梁。
- 沟通不是为了把对方“压下去”，而是诚心协商，重点是下次怎么办。
- 一次做好一件事，听的时候专心听，回应前仔细想，表达要清晰准确。

沟通是一个不断学习、反省改进、融会贯通的过程。首先，我们大可不必因为看到良好沟通者的精湛表现而自惭形秽，要知道没有人天生就会沟通，大家都是模仿和学习来的。况且一个人生来就有与外界沟通的欲望，只要你勤于观察，不断学习，就一定会有所成长。其次，当你尝试沟通而出糗时，更不要轻易放弃。因为正是借着反省和改进，技巧才得以磨练，知识也得以消化。沟通其实也是一个展现品格的过程，讲诚信、有爱心的人，自然会领悟到一种智慧，帮助沟通者融会贯通，在处理人际关系、解决问题时能够得心应手。

本章思考与练习

1. 肢体语言的重要：

请针对右图的两个示范，分别列出5项正确和错误的示范，进行学习和改进。

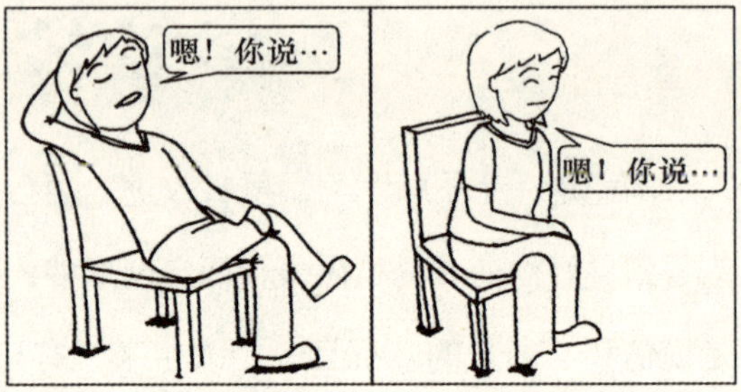

2. 情景时间：请设计场景，分析每题，找出解决方案。

A. 为什么不第一次就说对呢？撒了一个谎，需要继续说很多谎来圆谎。

B. 你要如何把握沟通的时机？你和两个同学闹了误会，同学甲是急于想把事情解决的那种人，而同学乙则习惯于把事情先放一放。

C. 学习清晰（直白）地提出要求和表达喜好。和和总喜欢暗示别人，让亮亮猜她的心思。每次亮亮都猜不对，二人的恋人关系也越来越别扭。

3. 沟通的核心价值观包括温暖、尊重和真实。请阐述真实包括哪些方面？

4. 选择题：请问哪些回应和请求是高质量的，为什么？

A. 小张的自行车被扎了一个洞，他请求小王帮忙，但小王却指责他不小心。

B. 丁丁请东东陪他去医院看病，可东东支支吾吾，就是不说去还是不去。

C. 大家看到红红在马路边哭，急忙跑过来，可无论怎样问，她就是不说话。

D. 张萌请求王飞4：00送他去邮局，王飞等到4：30，还不见张萌的影子。

Part 6

爱里有界限

引子　大马和小马

大马和小马是一对孪生兄弟。大马性格易动热情，小马温顺安静。

有一天，父亲拿着500元钱，要为家里买米。大马主动表示愿意代劳，但父亲生怕他冒失搞砸，有意让小马去办，因为小马显得稳重可靠一些。大马很不服气，就在小马背米回家的路上，用刀在米袋上划了一个洞，害得小马向父亲交差时落了埋怨。让大马万万没有想到的是，自己在路上的所作所为被丁丁看到。丁丁和小马是朋友，他把大马在背后做的事，一五一十都告诉了小马。哥儿俩反目成仇。

“界限”这个词让你想到什么？

乐乐笑嘻嘻地说：“动物世界里，豹子会为了地盘打架？”美美想到：“小学时，课桌上‘三八线’的纠纷？还有，朋友或别人管我们的时候，我们会说：‘这个不关你的事！’言下之意，‘你过界了’。”

借着大马和小马的故事，我们一起来认识一下什么叫界限。

界限规定了“责任”

爸爸叫小马帮家里买米，而没有让大马去办此事。在这里，他很清楚地规定了买米是小马的责任。这也是大马和小马会兄弟反目的原因之一，因为大马的阻碍，小马认为自己没有完成父亲所托付的责任，因而对大马不快。

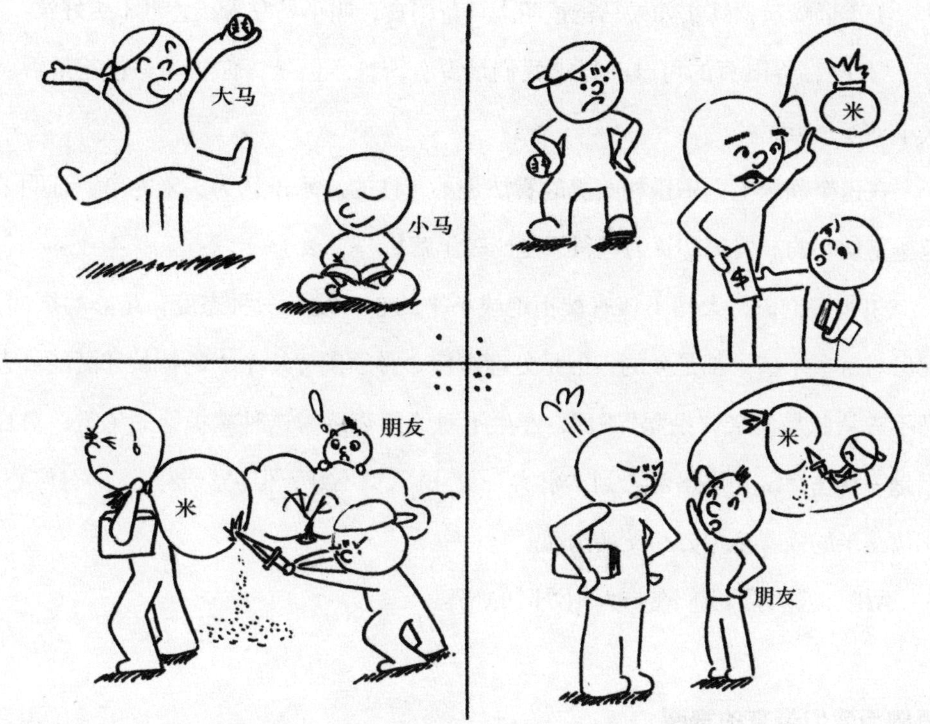

界限告诉我们什么是我们的责任，以及什么不是我们的责任。

二马反目还有一个诱因是丁丁。丁丁的界限是和小马做朋友，好像有些舍弃大马，所以他一五一十地告诉小马。对丁丁而言，他或许出于公义的考量，或许觉得自己有责任告诉小马，因为他们是朋友。但是，维护他人（此处为弟兄）之间的和睦也是我们的责任。

界限表明了智慧

丁丁若是有智慧的话，他可以想办法阻止大马，或者实在无法挽回，他甚至可以自己面质大马，使大马看到自己的亏欠，鼓励大马自己和小马讲。我们都应该学习做“和睦的使者”，心里有爱和信任。行为高尚，应是我们的做人指南。

美美插嘴道:“其实如果马爸爸叫大马背粮食，叫小马拿着钱，岂不更好?”

“是啊，界限真的可以凸显出我们是否有智慧。但是，你认为马爸爸是否喜欢小马多一点呢?”

在这个问题上，乐乐和美美的看法是不一样的。乐乐认为买米的事，证明了爸爸是偏心的。美美却认为爸爸只是比较了解每一个孩子。

和和评论说，大马不该有被拒绝或不平的心。爱是一种态度，是心的层面，父母对每一个孩子都是爱的，但是处理事情，必须发挥每个人的特长和潜能。大马不应从此与父亲“设立界限”，产生不对的距离感，这种被拒绝的感觉，对自己是一种伤害。大马虽然看到“事实”，心里感觉不好，但仍然要豁达、有信心，相信父亲的爱，至少要和父亲沟通。

界限，显明了我们在与人相处时的智慧。

界限为我们带来的提醒

无论丁丁处理得是否有智慧，他的界限保住了他和小马的友谊，但是他也越过了使二马无法和睦的界限。同时，大马也过界了，所以虽然他和小马是亲兄弟，但兄弟之谊损失了。守住界限，保住友谊；失掉界限，丧失友谊。

马爸爸没有智慧地处理两个儿子的差异，成为儿子们不和的诱因。因而，界限需要设在心里，并智慧地讲解，而非不顾儿子的感受，直白地下命令。有时我们明白自己有权这么处理事情，例如这个部门由我负责，这个家由我来管，但仍然应该寻求智慧来处理。

界限把人与人的关系作了一个解释。界限以内的，就是可以接受的，界限以外的，就是不可接受的。如果父亲觉得大马不够可靠，其实可以帮助他，让他有突破，扩大自己的界限。

界限是我们的保护

大马的所作所为很明显地过界了，不论他有多么的嫉妒和生气，都不应该用刀划破米袋。没人看到悬崖还要往前走。不管什么场合，甚至别人伤害了我们，都要以善胜恶，有些界限是绝对不能越过的。界限告诉我们，触犯法律、对人造成损失是为人处世的基本底线。大马过界了，结果是兄弟反目，如果再发展下去，等待他的是法律与制裁。界限，是我们必须守住的底线，是我们的保护。

爱里的界限

天下没有相同的两片叶子。在人际互动中，我们会发现人和人的差异，甚至惊叹“怎么会有这么大的差异?!”即使是双胞胎，大马和小马的性格天生就不一样。我们要改变能改变的，但是对于不能改变的，比如不同的性格，必须要接纳。我们无法硬要别人改变到完全像我们，或彻底改变成我们期盼的样子。我们的期盼要有界限，学会接纳和欣赏。

接纳和包容是没有界限的。接纳不是到此就可以了，只能包容对方三点，第四点就不行了。爱心是没有止境的，爱就是完全地接纳，从对方的角度考虑事件，把设限拿掉。

另一方面，爱里也是有界限的，因为没有智慧的爱，可能会伤害或辖制对方。丁丁若是爱小马，就不应只顾维护自己和小马的友谊，因为哥俩儿反目至终会伤害到小马。换句话说，爱里有界限，才能真正帮助我们确实地爱到对方。

听到这里，乐乐评论道:“看来界限还真的有些学问。那我们在人跟人相处中，要注意哪些界限呢?”

与人相处中的界限

不知是听得累了，还是很尽兴，乐乐看看美美，突然觉得她的辫子很好玩，随手就去“扇”起了她的“马尾巴”。美美不满地制止他：“讨厌，不要再碰我的头发啦！”乐乐吓得向和和做了个鬼脸。

虽然美美不说什么了，不过和和并不想就此“放过他”：

“乐乐，回答你的问题，在人与人交往中，界限第一个就代表了尊重。”

界限意味着尊重

不明白界限的人，打量一下自己，就会明白什么叫界限。我们的皮肤，其实

就把我们和外界划了一个“界限”。皮肤以内的，是我们自己。皮肤以外的，不属于自己。我们的身体，就是界限最基本的展现。

我们要爱惜自己的身体，不能随便让人碰到，身体的某些部位更是如此。有些女生被大一点的男生拉手或揽肩，心里不舒服，但碍于面子，却不好意思或不敢说。其实这时候女生也不用惊慌，可以大方却肯定地回绝对方不礼貌的触碰。男生也要学习尊重彼此的身体界限，不要轻易“动手动脚”。

美美这时白了乐乐一眼，乐乐马上低头“认罪”:“不好意思，对不起，对不起！下次不敢了。”

分清责任

米米、明明和小虎是老乡。他们的家乡很贫困，米米小时父亲去世，和爷爷奶奶一起生活。爸爸去世后，家里的经济状况大不如以往，爷爷奶奶常常念叨，要米米好好学习；但是米米一想到家里很困难，还要给自己拿钱上学，心中就很痛苦，常常学不下去。明明和小虎觉得上学浪费时间，他们的同学去外地打工，可以挣蛮多的。这一天，三人聚在一起，明明和小虎是来告诉米米，他们已经决定结伴去外地打工了。

米米学不进去的原因，是因为担心家人。虽然长辈了解自己，还督促自己要好好学，但一想到家里的贫困，想到自己还要再“浪费”钱上学，米米实在无法学得进去。但米米现在的责任是什么呢？是学习。等学成后找到工作，一定可以回报家里和长辈的。

分清自己的责任，不担不属于自己的担子，是有界限的表现之一。家庭的经济情况目前不是米米的责任，至少不全是。

和和以前帮助一个想自杀的同学，对方心情好一点，和和就快乐一些，对方

状态不好，和和自己也是茶不思，饭不想，甚至影响了学业和身体。帮助朋友也要分清楚责任，过了18岁，我们都有责任为自己负责。分清楚哪些是朋友的担子，哪些是家人的担子，哪些是自己需要负的责任。

“我爸是人大代表，我家有的是钱，打她怎么了?”

这是某人大代表的儿子所公开叫嚣的话。江苏某县陈姓兄弟带了六七个人在一茶餐厅喝茶，喝了一会儿走了，老板娘就把他们坐的桌子收拾干净了。谁知道半小时后，那帮人又返回来了，质问杯子去哪儿了。老板娘跟他们说，因为他们没特意嘱咐留着桌子，所以就收干净了。于是，老板娘遭到群殴。

这家店安装有无声监控，把整个过程记录下来。陈姓兄弟中的哥哥朝地上砸了一个茶杯，和他们一起的黑衣男子举拳向老板娘猛砸。老板娘得空拨了一个电话。打完电话老板娘冲出门外，拽住那个打她的黑衣男子，结果又遭受这个人的拳打脚踢。而这时，哥哥也对老板娘狠狠地踹了几脚。警察到场做笔录时，小儿子口出狂语:“我爸是人大代表，我家有的是钱，打她怎么了?”并骂110出警的警察，还将其中一位警察的手抓破了。

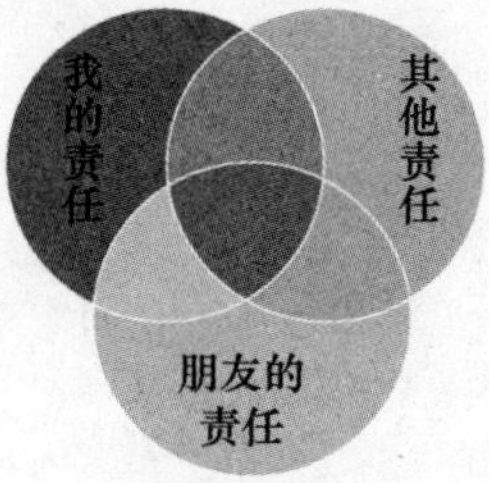

米米担心家人而影响学业，她担了不属于自己的担子。但是，陈姓兄弟则是相反，他们不知责任为何物。生命规律的责任律告诉我们，我们的行为和选择，会造成一个结果，我们必须学会用结果来约束我们的行为和选择，因为那是我们的责任。

智慧地“有界限”，重点是训练我们为自己的事负责。真正负责任的人会明白自己的责任何在。他们会为自己的情绪、态度、话语、选择、行为、欲望、价值、爱情等负责。他们会意识到并说“这是我的问题”。

在米米这个案例中，同乡明明和小虎想退学去打工，觉得上学浪费时间。米米该怎么办？别人的想法是否合适自己？界限带给我们进一步的思考：同学们都在混，考试作弊，我是否也随波逐流？我的朋友这样做，我是否也要这样做？我的未来谁负责？

就算有一个选择对明明和小虎是合适的（本例未必），但对米米也未见得合适。不管别人怎样说、如何做，自己的事要自己负责。明明和小虎虽是好心，但他们不会为此负责。做选择的是米米自己，承担后果的是米米本人。

界限就是告诉我们，什么是我们该负的责任，什么不是我们该负的责任。

爱是基础，不能过界，不操控，有智慧

阳阳喜欢苗苗，这是大家都知道的秘密。可是，苗苗喜欢吴晓。吴晓有气质，不轻易理人，苗苗总在揣测吴晓是否喜欢自己。阳阳人很好，总不敢向苗苗表达，但是很喜欢和苗苗在一起。每一次，朋友有事需要帮助，苗苗都是找阳阳解决。阳阳常常帮苗苗，一会儿去县城取东西，一会儿帮苗苗的死党米米修电脑。甚至在英语特长比赛中，苗苗让阳阳选她喜欢的选手，搞得其他同学都很生气。

林林总是提醒她，不能这样“用”阳阳，如果不喜欢，就应该划清界限，朴朴素素做朋友，彼此帮助。苗苗觉得林林多管闲事，是阳阳自己愿意的。不过林林的建议她也在思考，终于有一天，她想出一个两全其美的方式，她让阳阳帮助他问吴晓，是否对自己有意思。阳阳的心都碎了，但他还是去问了……

苗苗很清楚阳阳为自己做这做那，是因为喜欢自己，而自己又不喜欢他，二人在感情上是没有可能的。友情和爱情之间是有界限的。苗苗以外在的友情线，掩饰了阳阳的感情线。“利用”阳阳的行为，有操控的嫌疑，在二人的关系互动上是不健康的。

阳阳发现自己喜欢苗苗，而对方三番五次请自己办事，实际已经超出了友情的界限。他应该勇敢地表达爱意，即使被拒绝了，也不会使自己的情感这样一直地耗费下去。明显的是，阳阳没有说“不”的能力。

阳阳的无法拒绝，不会说不，其实是没有界限的表现。没有界限意味着，对方可以任意地在自己的界限里提要求，做安排。阳阳虽然心里已经很伤心了，但他还是违心地去帮苗苗问了。

乐乐为阳阳辩解道:“他或许是想好人做到底嘛!”

和和回应道，他也可能是怕别人说他没有爱心。这其实也是我们很多人正常的挣扎。我们怕拒绝了对方，或设定了界限，不帮对方的忙，别人会评价我们没有爱心!

我们每个人的情感都是宝贵的，每个人的时间和人际关系都是需要珍惜的。设立界限，会帮助我们自己更好地管理我们的资源，同时给对方机会和空间，去完成他们自己的任务和责任。界限是我们的尊贵线和高尚线，它把人与人的关系圈在了尊贵和高尚的里面。

界限是给你爱的人以自由

界限不会使我们与人疏远，相反，因着智慧地设立界限，我们可以自由地享受人与人之间的友谊，对彼此的尊重，以及各自心中的梦想。

和和当初选择市场销售，曾招致全家的反对，父亲认为女孩子干这一行，不知是否需要请客陪酒吃饭，同时也怕她学坏了。妈妈则认为这个职业太辛苦了，女儿这么单纯，容易给人骗。可是经过和和与父母的沟通，大家最后都表示了支持，特别是现在看到和和的老板很正派，工作也有成绩，大家都为她自豪。

和和的高中同学琪琪，就没有这么好命了。她想学中医，家人反对，百般列出她不合适的地方，最后琪琪只好放弃了。大学毕业后，琪琪根本不喜欢父母给她报的专业，去和别的同学一起开公司。可是赶上经济不景气，父母看到琪琪的“高言大志”每每落空，总是劝她要停掉公司，重新找工作，双方的关系越来越紧张。

最后，琪琪的父母只好求助于和和，希望和和劝劝琪琪。和和说:“叔叔阿姨，我知道你们很爱琪琪，不过她已经成人了，硬要她按我们的，她可能跟我们的关系越来越僵，不如我们尊重她的选择，但是和她讲出我们的观点，如果她看到我们尊重她的界限，尊重她的自由，没准儿会来考虑我们的意见呢!”半年后，琪琪说，她打算开始找工作了。琪琪的妈妈说，他们之间的紧张在不知不觉中消失了。

界限除了告诉我们必须对什么负责以外，也告诉我们什么是我们不需要负责的。比如，我们不需要为别人负责。我们绝对不可以想要控制别人，哪怕是自己的孩子——虽然我们常常花费很多时间与精力希望能够控制。

先与自己立界限

内心的状况决定了外在的与人互动，大家都乐意学习怎样与人立界限，但需要先从与自己立界限开始。界限的最基本含义是“定规所有权”。内心的界限是我们选择的基础，正是由于我们内在的“标准”，对人对事对物的价值观，决定了我们如何与人立界限。因此，外面的界限，是里面价值观的反映。

简单地讲，立界限不仅指对别人有界限，重点在对自己的内心要有界限。

问题：我需要为什么来负责？

答案：为自己的情绪、情感、态度、话语、选择、行为、欲望、价值、爱情、时间、金钱、友谊、个人成长等负责。

对以上这些，我要说：“这是我的问题。”

下面重点列出了人内心的八大界限。

情感是个资源

资源对于人类来说非常重要。资源有助于生产商品，因而具有经济价值。森林、山脉之类的自然资源如此之美，因而具有审美价值。大自然的馈赠，诸如水资源，还具有法律价值，因为我们有权享用。另一方面，资源还具有伦理价值，为后世子孙保护和保留这些资源是基于道德上的责任。

对个人而言，资源分为有形资源和无形资源。个人拥有的房产、矿山等是有形资源。无形资源包括时间、金钱、体力、精力、思想、技能、情感，还有人脉（人际关系）等等。

喜欢与拥有

前面我们讲了阳阳和苗苗的故事，你觉得阳阳经过此事，会不会很气恼自己曾喜欢上苗苗？

其实喜欢并不是错误，我们心里面天生就有欣赏和共鸣的能力。看到美的、好的、善的，不知不觉，我们的内心就会产生共鸣。

但是情感是要双方共同界定的，只要对方说不，就是划定了界限，我们就需要尊重。错误的喜欢会导致占有欲的泛滥，那并不是健康的。喜欢的，不一定拥有，我们可以欣赏，可以保留于心。

情感是一个资源，在从欣赏变到喜欢，甚至爱恋的每一步，我们都要“善用资源”，不能轻易耗费。我们的心会因为不善处理情感而处于煎熬和耗损之中，也会因为对方的拒绝而伤痛。情感不能仅靠主观的观察和猜测，摸清对方的意愿需要朋友的帮助或直白的倾诉。在没有搞清对方真实的意愿前，心里的界限一定要守住。

心里的界限是花园，不是城堡

不知经过此事，阳阳的心都碎了，他的心是否会封闭起来？

花园和城堡的最大区别，就是前者可以自由地进出，而后者是封闭的。我的心若是花园，表明我的心是自由的，是透明和明亮的，同时也有界限，但我可以自由出入，我的心可以自由地允许他人进来，也可以限定他人对我的滋扰。

阳阳的心如果变成了城堡，当真正属于他的爱情来临时，可能会因为害怕而无法释放出来。阳阳也不需要一再地挽回苗苗，因为我们要尊重别人心里的界限，如果对方只把我们划在友情的里面，感情的事也勉强不来，不如与其他的朋

友出去游玩散心，重新把心里的界限调整过来。

亲情、友情、爱情、恩情

丰富的情感，在生活中可以区分为亲情、友情、爱情、恩情等。每种情感的表现不一样，界定也不同。以阳阳为例，界定清楚友情和爱情对他的心是一个良好的保护。无论我们的情感多么丰富，为人处事也要守着其各自的界限。例如，不能因为报恩，就为恩人做违法的事。

菲菲很苦恼，因为有位同学当众骂了她，她伤心地哭了。可是到考试前，那个同学又找她帮忙答题，她好心地帮忙做完作业。本以为两人关系可以好起来，可是放学后，那位同学并没有理她。菲菲很想从此再也不理她了，但是看见她，又想和她说话，因为“要和别人搞好关系嘛”。

我们不知那位同学有何魅力，但是菲菲要保护好自己的心。一方面，要豁达不计较，但另一方面，要在心里对人有界限。也就是说，我们应该继续帮助人，因为这是我们的品格。但是否仍和对方结为密友就是我们自己的选择了。拿这人以往对待别人和自己的经验作借鉴，菲菲心里不应希望对方朋友般的回应。心里的界限实在是一种智慧。

菲菲和阳阳都不要单单感叹“遇人不淑”，其实保护好自己的资源是我们自己的责任。回想过程会帮助我们反省，成熟的人明白无论在友情、爱情等哪种情感面前，情感是一个我们要来管理的资源，我们要说："这是我的问题，但下次我会处理得更好。"

做金钱的好管家

金钱的管理属性

2004年加拿大一名女子中了1057万美元的彩票大奖，成为令人羡慕的"富姐"。但这些钱很快就被她败光。这位35岁的女子名叫莎朗•泰拉巴西。获奖后，莎朗并未找财务顾问协助她理财，而是把这些钱取出挥霍，住豪宅，买豪车，穿名设计师设计的品牌服装，周游各国。她送给父母100万美元，送给四位兄弟姐妹175万美元，另外还资助两位好友创业。朋友都只借不还，以为她很有钱。

目前她租住一间公寓，坐公车上班，兼职工作照顾6名子女。不过莎朗表示，重过普通人的生活，比当千万富翁快乐。她说："金钱是一切罪恶之源，它不会给你买到快乐，反而会让你头痛。"

加拿大蒙特利尔市77岁的老汉卢西安•诺尔特，几年前买彩票中大奖，获得1690万加元。他的故事是什么呢?

卢西安中奖后，平时不怎么来往的邻居以及各种亲戚蜂拥而至，心地善良的卢西安稀里糊涂地将500万加元奖金赠给了他的邻居们。由于卢西安将大部分奖金送给了儿子、邻居及亲戚，令老伴相当不满。最终，妻子和卢西安离了婚。

与此同时，儿子丹尼尔也对老爸被邻居骗走500万加元感到愤怒。遂将他的四名邻居和一名亲戚告上法庭。这场官司将年老体弱的卢西安弄得焦头烂额，也让他和所有邻居、亲戚反目成仇。

尽管官司最终宣告平息，但厄运却继续缠绕着卢西安一家。儿子丹尼尔的妻子特蕾莎不知何故掉进泳池活活淹死了。继儿媳溺毙不到3周，儿子丹尼尔正在他位于蒙特利尔市郊区的家里休息，宠物狗突然跑出了院子，丹尼尔急忙跑出去追狗。不料刚出院子，就被一辆高速驶来的吉普车撞倒，当场遇难。

事故发生后，卢西安悲痛欲绝:“这一悲剧让我的心彻底碎了，我曾拥有一个幸福的家庭，但现在老婆没了，儿子和儿媳也遭遇飞来横祸死了。如果时光能够倒流，我真希望自己从来没有中过奖。”

难道金钱是万恶之源吗？其实贪婪和无知才是使人破败的根源。金钱可以为人带来无法磨灭的价值。因着金钱，人们的生活水平得到改善，无数的慈善义举，都来自于金钱的贡献。因着爱心人士的捐赠，贫困的先天畸形孩子得以手术恢复，受灾地区可以迅速获得救援物资，贫困地区的孩子可以免费上学。

但是金钱也可能腐蚀人的灵魂，使人自我膨胀甚至做出不道德的事来。卢西安自从得到大笔意外财富，却发现自己家厄运连连，他希望自己从来都没中过奖。其实，把钱归为莎朗和卢西安不幸的原因，是说不过去的，关键是我们要认识金钱的管理属性。

已故台湾经营之神王永庆先生，在孩子很小的时候就教育他们:“这些钱不是我们的，是社会托我们管的。”因有这样的管理理念，王雪红女士等几个子女都热心公益，明白自己作为企业家的社会责任。

可见，我们应该是金钱的管理者，而不是被金钱“管理”的人，以致处处以金钱为衡量，总是担心没有钱。或者随心所欲，得到多少，也漏掉多少。难怪有人说，挣多少是一方面，但会管钱是另一方面。如果不善于理财，像莎朗和卢西安，得多少也是没有用处。我们要做金钱的好管家。

如何管理金钱

要想管理好金钱，首先要练习记账。通过每天、每周、每月的记账，反过来一项一项研究是否该花，花多少为宜，认识到记账的重要性，就为花钱做计划铺平了道路。

在金钱的管理中，也要学习分类与分配，这是基本生活技能的练习。随性的花钱和凸显爱心的捐赠都是需要设立界限的。要照顾到基本生活的需要、身体的营养、必需的花销，以及学习慷慨。慷慨捐赠要结合自己的能力（有设限），但是最好也要成为花费的一项。

照顾好自己的情绪

照顾好自己的情绪，是我们自己的责任。我们无法怪别人把我们惹了，以至于我们的情绪就随意激动；同时，我们也不应随便把自己的情绪，带入工作、生活、与人互动中，显然，那是不公平的。

负面情绪必须要设限，例如失望、沮丧、担忧、害怕等，我们要有能力对它说:“够了，到此为止吧，我要选择快乐。”以失去亲人为例，我们会在半年至两年内有忧伤情结，那是符合生命规律的。但是超过三年以上的伤痛无疑会影响身体，需要设限，必要时引入心理辅导机制。关于情绪管理，详见第7章。

看重个人成长

个人成长包括了心灵成熟和生涯规划。

除了外在身体的健康成长，我们必须看重里面的心灵成熟，那是更重要的，因为里面的决定外面的。我们需要在诚信、爱心、有梦想等方面持续进步，成为一名对家庭和社会有贡献的高尚之人。

生涯规划，包含职业规划，也应是我们需要看重的。我们需要拿出高质量且够用的时间，以及重视度来经营我们的人生。以帮助别人为例，很明显，阳阳是一个助人的模范，他花了大量的时间在帮助别人。但是，他有没有在增加自己的价值方面也尽心尽力呢？若是阳阳在帮助苗苗等人的同时，也看重自己的规划并付诸实施，不知不觉中他的个人魅力肯定会增加，自然会散发出吸引力和影响力来。

时间安排

时间的设限要先从看重时间谈起。有人说时间就是生命，如果我们把浪费时间与浪费生命画等号的话，就足以引起相当的重视了。

和和有自己的算法，她说每一个人都有一个时间银行，上天给每个人在银行里放的存款都是一样的，只是这个银行只取不存。以一个人平均活70岁计算，如果一天记为1元钱，你的时间银行还有多少存款呢？

随着和和的问题，乐乐好像走到了这个银行面前。如果活到70岁，那银行里原本应有25550元，扣除自己今年18岁零两个月的年岁，银行里应该还有18919元，真的是过一天少一天呀！

大家平常是怎样花时间的呢？和和接着说，一般认为是按照事情的紧急程度来判断。“我以前在公司有一个外号叫‘救火队长’，每天都在处理紧急和突发的

事。但是后来我发现如果仅按事情的缓急程度办事的话，不但重要事情的执行遥遥无期，而且经常使自己处于危机或紧急状态之下，最大的恶果是原本重要不紧急的事必然会转化为重要又紧急的事。”

因此，处理事情优先次序的判断依据是事情的“重要程度”。所谓“重要程度”，即指对实现目标的贡献大小。当然也不应全面否定按“缓急程度”办事，只在考虑行事的先后顺序时，应先考虑事情的“轻重”，再考虑事情的“缓急”——也就是我们通常采用的“第一象限组织法”。如果我们的目标是生涯规划，做增加我们价值的事，这样的事，应该放在重要的位置上，需要安排质量好的时间。

请看四象限图： 第一象限是重要又急迫的事。第二象限是重要但不紧急的事。第三象限是不紧急也不重要的事，简而言之就是浪费生命，所以根本不值得花时间在这个象限。第四象限属于紧急但不重要的事，是我们特别需要留意不要多花时间停留的区域。

如何安排时间呢？与管理钱财一样，先从记录一周时间开始。乐乐记录完后，一定会感叹，花在电动游戏的时间太长了；美美的记录表一定会告诉她，花在打电话聊天的时间过长了。我们常说自己是时间的主人，但是记录一下，你就会发现朋友和游戏机可能是我们时间的主人呢！

给时间设限，第一要知道时间的重要性，第二是把时间花在与生涯规划或生

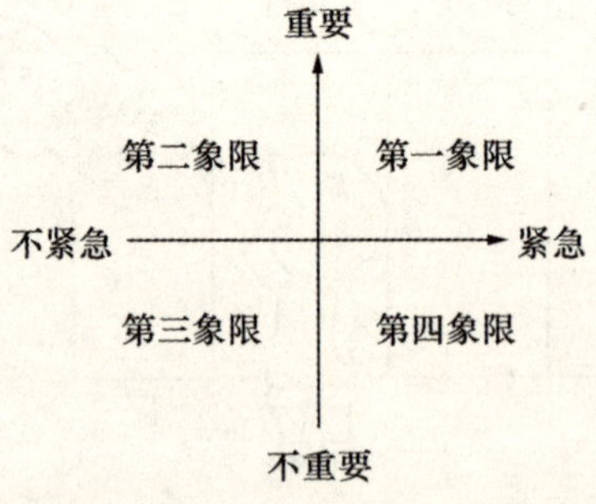

命成长相关等重要的事上，要记录时间，做时间规划。第三就是处处留意管理设限。例如，小时间用好，每天练习英语10分钟，一年口语大改观。娱乐休闲必须安排时间，但是要有限制。时间安排表中，必须要有学习的时间和为成长预备的时间。和和还给自己定了一个规矩——避开高峰期，中午晚吃饭半小时，可以不必和使用复印机的高峰相遇，也避开了公司食堂的用餐高峰，等等。

智慧中的爱心

讲到爱心，就要提及智慧。真正帮到人，也讲究要适可而止，使对方愿意接纳我们的爱，才是智慧中的爱心。

和和毕业5年后，和男友结婚了，他们做了一个约定，每次给和和父母买礼物或放钱时，都说是和和老公想到的；反之，每次给和和公婆放钱或送礼时，一律说是和和的心意。目前他们三家处得非常融洽。

有时候我们在“爱心”和“界限”之间徘徊，不知这样做别人会怎样看我们，是否显得我们没有爱心。但是，如果没有界限，或者总是允许别人过界，又使我们筋疲力尽。其实界限正是帮助我们最大限度发挥爱心的有效保证。

智慧地在爱心里设限有多种可能，其中常见的几类列在下面。

• 把自己的责任和他人的责任分清楚。第一，不自愿或过多地做那些本应由对方负责的事。例如对一些年轻人大发爱心，结果倒使养成他不喜欢负责的个性。孝敬老人则不在此列。第二，先照顾好自己应尽的责任，再去担负更多他人的需要。例如自己家人在生病，不好意思讲，结果被同事拉去顶班等。

• 把爱护自己和帮助别人分清界线。了解自己身体和精力的极限，不累坏身体，以能长久发挥爱心为目标。例如，乐乐和美美希望和和给自己讲个通宵，但被和和拒绝了，因为她才坐火车回家，保证自己的身体健康更重要。

• 把帮助别人和看重个人成长划清界限。

• 分清是想做好人的滥好心，还是智慧里的爱心。你无法使众人都满意，但是你要问问自己的心：我是否是在爱的里面，是否公平、尽责，看重与朋友的关系?

话语的节制

我们常在话语的技巧上大下工夫，但是话语的第一功夫其实是节制。箴言说:“多言多语难免有过，禁止嘴唇是有智慧。”约束自己的心，刻意节制自己的话语，是我们很大的保护。俗话说“说出去的话如同泼出去的水”，覆水难收啊!

话语是破坏关系最快的杀手，我们应有节制话语的能力。语言中的“好”代表同意、喜欢、会去做；“不”代表否定、不喜欢、不会去做。我们要用明确的语言来表明自己的立场，同时可以有能力智慧地说不，但不应说谎。

丁丁看到大马划小马背的米袋，不知是被正义征服了，还是太在意自己朋友小马的利益了，他不经思考，就一五一十地告诉了小马，结果兄弟两个反目。我们这里讲的节制就是要经过思考的意思。有时我们和人交谈，是直接面对面，尚可有借口说不小心话从嘴边“溜出去了”。丁丁的例子，是事后向小马反映的，他应该有足够的时间进行思考。

思考什么呢？第一，该不该讲。第二，若是该讲，需要怎样讲，什么时间、什么场合讲。以丁丁为例，经过思考，他认为还是应该讲。但是怎样讲，或由谁来讲，就在考验智慧了。第三，讲完之后，可能的结果有哪些，自己是否可以承受或应付。第四，在去讲的时候，从动机、心态、用词、肢体语言（包括表情），自己是在爱的里面吗？这些思考，帮助我们有节制。讲完之后，我们还要思考总结，使我们可以更熟练通达。

正面且真实的思想

为思想设立界限是必须的，一个界限体现在现实与幻想当中，另一个界限应当设立在保守我们的思想不受负面的沾染，常能保持正面积极。

将思想可以迅速拉回到现实当中，实在是一个能力。同时，不要顺着那些脾气或担心等，任由其一直发展下去，而是有能力把思想的链条分段，学习设限保护自己积极正面。

和和说，以前自己一开始打喷嚏，就会担心“糟糕了，一定会开始发烧”。果然，体温很快就上来了。和和马上想到更糟的，“这一烧，一定会好几天，没准儿还会咳嗽”。果然，感冒一定会加重。自从认识到思想的重要性后，她学习在一开始打喷嚏时，就想办法，多喝水，吃一些维生素，并对自己说“我是有抵抗力的”。保守自己在正面，并积极思考解决办法，令和和精神旺盛，身体也强健了呢。

原来老板丢给和和一个紧急项目，她会想“糟糕，不知要熬几个通宵了，而且老板不知会否满意”。这样的思想一直困扰着她，使她常常无法专心，觉得筋疲力尽。直到有一天，她突然开窍了：“我一定可以做出来的，以前的每一个案例我都靠着智慧迎刃而解了，这次一定也行，老板一定会满意的。”有时是一个长期项目，她会想，完成就是成功，做一点就少一点。借着保守自己的正面积极，和和的工作也越做越顺手。

除了约束自己，为思想设限外，也要观察自己的朋友。要学会避免受爱抱怨和负面朋友的影响，时常在心里提醒自己正面，多和积极的朋友畅谈，与他们彼此支持，竭力活在真实和正面里面。

如何与人立界限

阳阳为苗苗东奔西走，看起来是外在没有分寸，其实是内心的界限模糊了。外在对人的界限，其实首先要从内心划起。

界限划在心里头

清楚了解自己

把握自己，是可以和他人有良好互动的前提和基础。

我容易在哪些方面疏忽？是否多考虑别人而忽略自己？大方起来是否有界限？身体可以承受的底线到底在哪里？这些都是很好的自我检测的问题，可以帮助我们认清自己的特点，了解自己的极限，当然还应包括那些“被冒犯”之后自己的反应的界限在哪里。例如，我是否会大发脾气而破坏友谊？发脾气是用尖酸的话语，伤害对方，还是去喝闷酒？多多思考，并留意自己的反应和倾向，会帮助我们与人设立界限。

保护好自己的心

心是一切的发源地，有句话说，人一生的效果是由心而发出的。心是否管控或保护得好，会影响我们平日的生活，乃至一生的效果。上一节心内的八大界限，本质都是使我们保护好自己的心。

当我们可以管理自己的心，在内心的八大界限上实际操练，在人际互动中渐渐就可以得心应手。例如，阳阳的心若愿意受约束，在没有确定关系前，友善以待，苗苗兴许就不会越来越没有界限，随意对阳阳提出各种要求了。

借着观察和思考，我们的心在与不同人的互动中，心内有了界限。随着与人交往的进一步加深，多思考，渐渐挪移界限。界限不应像城堡，而应像花园。

智慧地使用话语

智慧的话语是我们与人立界限的最好工具。我们都有过被人训斥不知如何回应，或者是事过之后才想起该如何回应的经历。但是经过练习，我们多少都会可以面对一些情况，对别人的要求也懂得怎样设立界限了。

智慧地拒绝，不做“老好人”

阳阳的问题，在于他没有说不的能力。既拒绝别人并且不使对方尴尬或影响我们的关系，实在是一种学问，更确切地说，是一种基本生活技能。用话语说不，善意地拒绝别人，是我们必须具备的一项能力。

“我是可以拒绝别人的”，这样的论点对于某些以阳阳为代表的“老好人”是非常难以接受的。他们就算认同这个观点，也无法实行出来。但大量的事实告诉我们，我们不忍心拒绝别人，要么是伤害自己，要么是累积更多的问题，至终也无法真实地交到好朋友。

拒绝要有智慧，最好我们在说不的同时，给出一个令人接受的理由，例如：

- 我很想和你去，但是昨晚实在睡得太晚，身体支持不住了；
- 希望你可以赢这场比赛，很抱歉，我已有安排了，但我会为你一直加油；
- 请别怪我，我需要加班，下次有机会一定和你们一起吃饭；
- 我若是帮你投了丹丹这票，引起大家不满，这样对你和丹丹都不好；
- 多谢信任我，让我帮你去问吴晓，可我觉得你自己去问会更好，更直接。
- 抱歉，揽着我的肩，我没办法专心和您说话。对了，刚才我们说到哪了？

看来即使是拒绝别人，也要用智慧的言语，不必直来直往，更不必带入情绪，要善于沟通。

智慧地设立界限

有七个原则，帮助我们智慧地与别人沟通，在沟通中自然地设立界限。

- 不计较多使用礼貌及客气的辞藻，例如：不好意思，抱歉，对不住。
- 加入情感与微笑。呆板的表情会使人联想到负面因素。
- 善于看出对方的意图。留意听清对方没有说出来的话。例如对方是出于关爱和信任，抑或是出于依赖，还是对方加入了不必要的情感成分等。
- 界限最好说在前面或在合作的开始。不要不好意思，不设界限所引起的矛盾和冲突，是需要花更多的时间和精力来处理的，有时甚至是无法弥补的。
- 究竟谁对谁错，不是重点，表达出内心的感受并获得支持是关键。
- 善于使用赞美和道歉，但是界限要清楚。
- 语气平和，语速缓慢，音量低，话语清晰简短，保持良好的态度和仪表。

若是在沟通过程中，我们发现双方的认知相差太多，则可以在沟通的时间和心态上立一个界限。例如可以这样说："看来咱们两个对此事看法差异还是很大，我也回去想想，有机会我们再谈吧！"

以王飞的例子讨论，借此时机，可以设立的界限：

- 当晚就可以平和地说："我睡不着，可否请你轻点？"另外，出于对李萌的爱，说："你也早点休息吧！" 重点是态度要好，语气平和。
- 情绪管理：无论如何生气，不应踢脸盆发泄。不论对方怎样，不应先发火。
- 学不进去，良心不安，快点道歉求和睦。注意心的提醒，诚信是关键。
- 使用道歉，打开对方的心。
- 告诉对方自己是因为什么，还有从什么时候开始生气的，善于沟通。

设限与不设限

为自己的内心设立界限，互动中与人立界限，是与人相处中的一个大智慧。当我们遇到一个人或处理一件事时，要预先在心内评估：我到底要花多少时间在这件事上？与此人的交往，我内心要把握哪些界限？要投入多少情感？这事的责任方是谁？我除了花时间和精力，有需要牵扯到金钱的投入吗？我现在的主要目标和职责是什么？……这些问题，帮助我们有爱也有智慧，保证了我们可以与人相处得心应手。

但是，有些方面我们不能设限，而应持续寻求。例如，大爱无界限，虽然我们精力和能力有限，但表达关爱是无限的。同时在我们个人的潜能发挥上也不能设限，我们要持续成长，使自己的价值最大化。

没有界限，就没有好的人际互动。心里的界限是一切人际交往的依据。一方面我们要豁达，常改变自己，扩大我们内心的界限。与此同时，我们必须学会保护好自己的心，不允许外在的事物或人的话语伤害自己。要在智慧的里面，为自己设定爱的界限，这样的界限，使我们与人相处，可以最大限度、最有智慧地发挥爱心，真实地帮到人。设立爱里的界限，是我们在与人相处中，可保护好自己，并完成自己责任的一项必备生活技能。多多思考，掌握这个秘诀，可以助你与人相处得心应手。

本章思考与练习

1. 你怎样理解“界限”？并请分别举出：

1.1 你观察到的一种界限；

1.2 你自己将界限应用于生活的一例。

2. 情景时间：有关情感

2.1 反思自己有没有陷入一种界限模糊的关系或事件？

2.2 通过本章的学习，在意识到界限问题后，你觉得该做哪些调整？

2.3 在调整的过程中，你需要哪些资源或人的协助？

2.4 哪里及怎样可以找到这些资源或帮助？

3. 你怎样理解“心里的界限是花园，不是城堡”？关系中的“花园”，是可进可出，但有围栏界限的。但城堡就是一种“封闭”自己的境况了。在你与人的关系中，哪些像花园，哪些是城堡？

4. 请阐述你对内心八大界限的理解和应用。

Part 7

情绪的主人

引子　小宇的故事

小宇毕业找到工作，领了两个月的薪水后，决定完成自己的一个心愿：给母亲买盏新台灯！那是以前看到母亲在灯下为自己钉扣子时，灯罩总掉下来时出现的想法。能够给妈妈买点东西，他的心里美滋滋的。

母亲收到台灯后，也异常开心。

父亲在一旁看到这些，却没什么表示，随后闷闷地走开了。“爸爸在想什么呢?”去追问吧，不知怎样开口，不问吧，小宇实在感到不解。小时候因为自己和同学打架，他对自己生气，情有可原。现在自己挣钱了，他怎么还是不高兴？小宇越想越多，心里很乱。吃晚饭时，小宇实在忍不住，原本他打算和颜悦色地说：“老爸，你还好吗？我今天给家里买了新台灯……”可不知怎么回事，一张嘴，脱口而出的竟然是：“到底要我怎样做，你才会满意?!”

结果可想而知，爸爸放下碗筷就回房间了，小宇哭着愤然离开家，留下妈妈一个人低头抹眼泪……

故事讲完后，和和问了几个问题，请大家思考：

1. 小宇给妈妈买台灯错了吗？到底谁有错？

2. 妈妈看到小宇买来的灯，其态度是什么？

3. 最后大家或伤心或生气，问题出在哪里？

4. 本想平和问爸爸的小宇，为何改换语气？

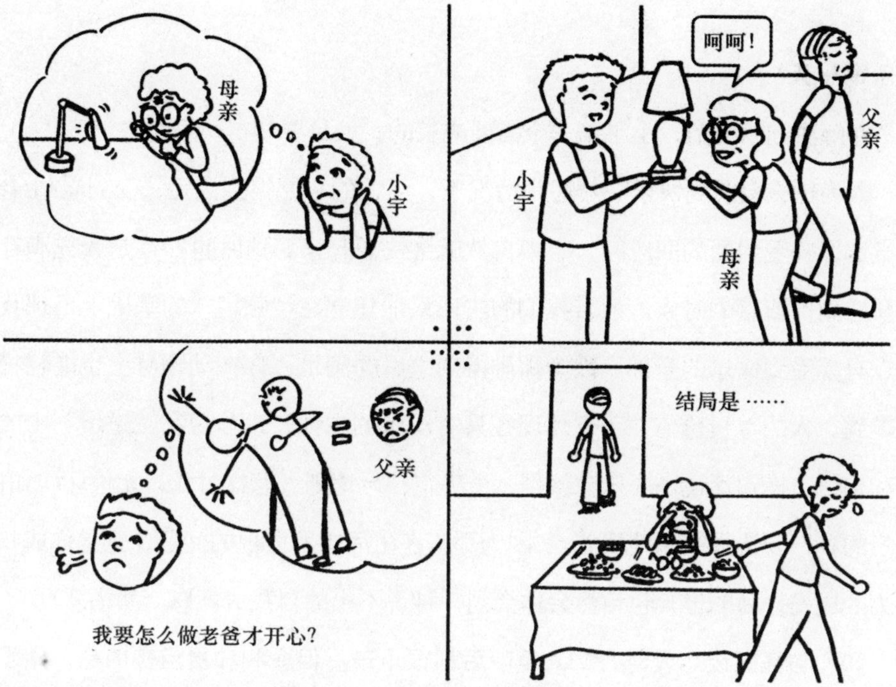

到底谁有错

当人际关系出现状况时，我们的第一个反应往往是：谁的错？有些家庭遇到类似小宇买灯的事，争来争去，闹得不欢而散。其实纠错只能使关系疏远，小宇也可以后悔买灯，或是觉得父亲“不可理喻”，发誓不再和他说话，但这些显然都不是解决问题的方法。在还原整个事件后你会发现，小宇爱妈妈，买灯肯定没错。况且妈妈看到灯时非常开心，其实买灯的目的已经达到了，问题是出现在小宇与爸爸的关系上。买灯事件，暴露了父子俩原本就存在的“疙瘩”。小宇应思考两个问题：

1. 怎样收拾这个“烂摊子”？（“疙瘩”若解开了，家人的关系会更和睦。）

2. 小宇自己要成长的部分是什么？

快乐每一天

在解决问题之前，小宇第一个需要成长的，就是要变得快乐起来。

人为什么会感到快乐呢？通常情况下，当人的心愿得到满足，受到老师/老板的肯定，感受到爱的回应时，心中自然就会快乐起来，这时也往往是人充满存在感和感到价值感的时候。但若我们的快乐只能建立在“顺境”的基础上，那我们还没有享受到快乐的全部。因为那种得到之后的满足，你在动物身上也能轻松观察得到。人的尊贵价值，不仅体现在具有欢乐的本性，也体现在“逆境”中的坚忍和相信。换句话说，快乐应该是一个决定：“无论别人怎样对我，无论环境如何，尊贵的我，要选择快乐地活着。”因为那些在生活中所发现的问题，正是你成长的动力。成长之后的你，也自然会体会到一种说不出的自我成就感（幸福感）。

和和与亮亮谈恋爱时，二人争吵后都很沮丧。但令和和更沮丧的是，她发现从某天开始，亮亮事后不沮丧了。追问之下，亮亮说：“自从决定‘快乐做自己’

后，我发现生气沮丧也是过一天，快快乐乐也是过一天，为何不选快乐呢？所以我告诉自己，'我不要因她影响了我的一天'。"

亮亮的观念一转，就有精力思考如何改进沟通方式，更好地与女友相处了。同样，小宇也应从伤心中出来，心中祝福爸爸，接受妈妈对买灯感到快乐的事实。其实小宇并不了解怎样使自己快乐起来，心情若好起来，就容易勇敢面对问题。

勇于面对问题

在解决与爸爸的“疙瘩”之前，小宇也需要问问自己（向自己面质）：本想心平气和地问爸爸，为什么一开口就变味了呢？事情的导火索是什么呢？

导火索就是小宇对爸爸的质问：“你要怎样才会满意？”他的情绪错误地爆发了。具体地还原整个过程，小宇当时肯定想到了小时候的经历。他似乎没有意识到，从小到大，自己一直都很想得到爸爸的肯定。他也因此有了一种观念，似乎做什么爸爸都不会满意。而人心里所充满的，口里就会说出来。小宇对爸爸的“不满”（总是达不到他的要求）已经有所积累了，情绪“水位”已经很高，很容易“决堤”发泄出来。所以，虽然他心里是想爱心以对，但神情和话语却装不了假。

你渐渐就会发现，很多情绪都有“儿时”情结，换句话说，都和一个人幼年的成长经历有关。其实这次的冲突也是个好事情，因为借着买灯事件，小宇压抑在心里的问题暴露出来了。很明显，小宇面临几种选择，若换做是你，要选哪一个：

1. 生气过后，就当此事没发生过，反正是自己人，过段时间气就消了；

2. 豁达地饶恕爸爸，甚至和他道个歉，但从此躲着他，避免与他说话；

3. 除了原谅和道歉，也鼓起勇气和父亲沟通面质，分享心中的“疙瘩”。

关系中若有“疙瘩”而不去面对，就好像摆了颗“定时炸弹”在那里，不知何时就会“爆炸”。小宇应当勇敢面对问题，先道歉后沟通，这样不仅能解开与爸爸的“疙瘩”，也会改变他与老师、老板的互动模式，因为这些人像爸爸一样，都是权柄的代表。善意的道歉包括：首先谢谢父亲多年的恩情，特别为这次的“不欢而散”而道歉，诚恳地表达那不是自己的本意。如果不会说，写信也行，也可为父亲买件他需要的礼物。收拾了此次的“烂摊子”，小宇还必须学习情绪管理。

做情绪的主人

讨论完小宇买灯的故事，乐乐忍不住评论道:“现在我明白什么叫意气用事了?”美美马上追问，“那你觉得什么是意气用事呢?”

乐乐缓缓地道出,“意气用事，就是按感觉来处理事情，情绪决定一切。”

和和说:“对，只要情绪一上来，就管不了那么多了。为了逞一时之快，小宇把家人的和睦、所花的精力和金钱，统统因为一个不满的情绪发作而浪费了。”

2007年2月6日，女太空人诺瓦克（Lisa Nowak）因“企图绑架”和“企图谋杀”罪被起诉。这位智商（IQ）极高的知名太空人，从休斯敦到奥兰多，开车900多英里，穿着尿不湿，车里载着BB枪、防狼喷雾剂、折叠刀、绳子等。诺瓦克精力充沛、志在必得、聪明地确定了男友新女友的行程，她长途跋涉，找到对方，其实只是为了和对方“吵一架”，结果引起对方报警。诺瓦克虽然曾经“贵为”太空人，但是因为不会处理情绪，把她几十年来经营的美好生活都毁了。

大家不禁感叹，看来很多“烂摊子”，都是情绪在主导啊！若是情绪管不好，工作、前途、亲情和友谊，可能统统毁于一旦呐。为了赢得友谊，也为了每个人的前程，我们需要来认识情绪，学习情绪管理，立志做情绪的主人。

情绪是什么

心理学把情绪定义为一种被激起的心理状态，包括三个部分：主观感受、生理唤醒和表情体态。以愤怒为例，伴随着不愉快的感受，我们会呼吸急促、心跳加快（生理唤醒），也会出现皱眉头、瞪眼、握拳等表情体态。因此，情绪是真实存在的，通过认识相应的生理唤醒和表情体态，也会帮助人觉察情绪的发生和转化。

- 主观感受：个人对自身情绪状态的感知，通常可以用各种词语加以描述。
- 生理唤醒：自主神经系统、内分泌系统的参与下，引起的各种生理反应。
- 表情体态：指各种情绪体验在表情、姿势、体态、话语和行为上的表露。

自我检测：认识情绪

（ ）沮丧、气愤、害怕这些负面情绪，对人都是不利的，最好消除。

（ ）当人处于负面情绪时，容易判断错误，做出令人后悔的决定。

（ ）大喜和狂欢是积极正面的情绪，要大力提倡。

（ ）情绪很简单，就是人们常说的喜、怒、哀、乐四种。

（ ）人有情绪是正常的，要防止的是不良情绪，要避免的是大喜大悲。

六种基本情绪

情绪有基本情绪和复合情绪之分，愉快、悲伤、忧愁等情绪相对简单，而纠结、焦虑、迷茫等，则相对复杂一些。人们常说的喜怒哀乐，包含了三种简单且基本的情绪。常见的六种基本情绪，包括快乐、发怒、厌恶、惊讶、悲伤和害怕。除此之外，还有很多种情绪，但多是这些基本情绪的复合型或转化型。

情绪也有强度的差别。喜与乐是不同程度的喜乐（高兴），而不高兴，可以有不快、气愤、愤怒、暴怒等不同的强度。

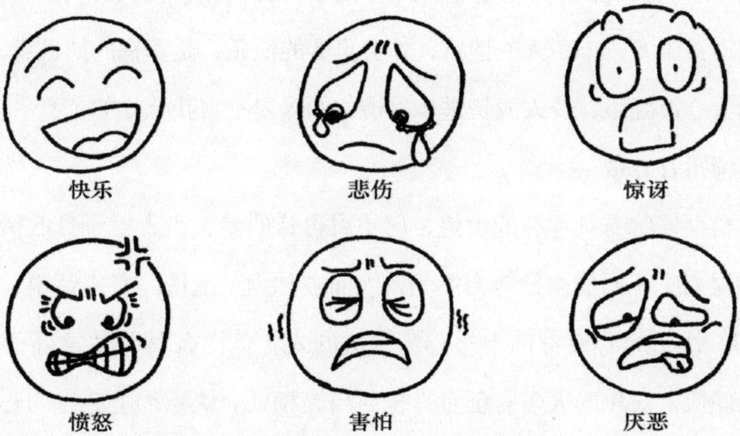

负面情绪有价值

情绪有积极（正面）情绪和消极（负面）情绪，两者都是有价值的。

很多人掩饰自己有负面情绪，但六种基本情绪中有五个就是所谓负面的，可见负面情绪是有它存在价值的。例如，害怕虽不利于人际交往，但正是因为人会害怕，才有防范意识，也会躲开危险。再比如，悲伤会引发哭泣，当亲人去世时，哭泣会帮助消除痛苦，降低压力。一幅美丽的图画，不可能只有鲜亮的颜色，正是因为有了灰色和黑色，才能衬托出美好，勾勒出丰富。

电影《头脑特工队》描述了女孩莱莉在搬家、交友和与父母相处过程中的故事。莱莉的头脑中活跃着一只特工队（五种情绪，缺少上图中的惊讶），这只特工队由乐乐指挥，队员有忧忧、怕怕、厌厌和怒怒。当莱莉的价值观认为负面情绪不好时，她开始压抑情绪，渐渐地，忧忧、怕怕、厌厌和怒怒都不工作了，看起来与人的冲突少了，也不用再辛苦地面对里面波澜壮阔的情绪起伏了，但她的心“死了”，其结局是放弃和离家出走。因此，请记住负面情绪的价值：

• 使人意识到危机，能够躲避危险，是引发自我保护机制的刺激物。

• 可排遣压力，丰富人的情感，体会真实的快乐，是幸福的协调者。

• 助人心灵健康，使人成长进步，情绪的爆发是自我认知的工具。

正面情绪有力量

虽然负面情绪有其存在的价值，但不可否认的是，当人处于负面情绪时，容易猜疑和误判。正面情绪是有力量的，因而被称为正能量。有古话说，喜乐的心乃是良药，忧伤的心使骨枯干。心情愉快的人，体内各种腺体常处于化学平衡中，利于健康。快乐的人多有创意，也易与人相处。快乐加上感恩的心，使人有力量。

因此，生活中需要多些正能量。在《头脑特工队》中，你会发现，团队的指挥官是乐乐。特工队中每位队员都有其存在的价值，但人生的主旋律应该是喜乐。正如快乐大师班夏哈所言，幸福人生就是积极情绪大于消极情绪的人生。因此，无论生活中发生了什么，要先放下来，快点使自己安静下来，明白“快乐更重要”。随后，人才会进行反思，在“乐乐”的带领下，发挥出各种情绪的价值。

不良情绪要管理

快乐虽是积极情绪，但大喜或持续狂欢也会影响健康，要不然就不会有“乐极生悲”这个说法了。同时，小宇和女宇航员的故事也启示我们，任由情绪的发作，只能是破坏关系、影响前途，因此，我们要特别留意所谓的不良情绪，就是那些会影响身心健康、破坏人际关系，妨碍正常工作、学习和生活的情绪。

常见的不良情绪有郁闷、忧虑、发怒、孤独、失望、悲伤、懊悔等。大喜、大悲等剧烈情绪也属于这个范畴，需要避免。总之，我们需要正视情绪的存在，既不能忽视或压抑，也不应随性和放任，而要学习主动管理情绪，特别是那些不良情绪。

情绪管理

情绪管理，既要针对不良情绪，也应包含情绪的分配、抒发、引导和转化。

自我检测：提高对情绪管理的认识

（ ）情绪发作只会影响健康和关系，要克制和忍耐，不要轻易表露出来。

（ ）上瘾、冲突、争吵等行为的背后，其实诱因常是情绪的问题。

（ ）情绪管理，就是要消灭一切的负面情绪，保持在积极正面中。

（ ）要接纳自己会情绪失控，但必须反思，提升自己管理情绪的能力。

（ ）有研究表明，IQ是没用的，EQ是更时髦的，比IQ重要得多。

IQ和EQ

智力商数IQ（Intelligence Quotient），是通过一系列标准测试而判断出的智力发展水平。智力也叫智能，是人们认识客观事物并运用知识解决实际问题的能力，包括观察力、记忆力、想象力、分析判断能力、思维能力、应变能力等。

情绪商数EQ（Emotional Quotient），是近年来所提出的与智商相对应的概念，也被称为“情感智慧”。情商是一种善用自己情绪的能力，使你能与他人有积极、正面及建设性的关系。情商的提高，就是一个学习情绪管理的过程，借助于观念（价值观）的改变和后天的训练，每个人都可以提升自己的情商。

IQ和EQ哪一个更重要呢？两个都非常重要。智商解决了很多认知、计算和发展的问题，使人有分析问题、解决问题等多种能力。1995年，丹尼尔·戈尔曼博士（Daniel Goleman）在其畅销书《情商：为什么情商比智商更重要》中指出，人们的幸福快乐20%来自IQ，80%来自其他因素，其中EQ占了绝大部分。由此可见，IQ很重要，但在人际互动和生活质量这些方面，情商EQ则显得更为重要。

情绪的特质——传递性、抒发性和关联性

1. 传递性

爸爸的闷闷不语，使小宇回想起小时不愉快的经历；和爱抱怨的人聊天后，你会发现自己也很累；与易怒的人成为朋友，我们也会变得容易生气；而与喜乐的人相处，不知不觉我们也欢声笑语起来。情绪具有传递性和感染力，情结管理的秘诀之一，是要结交正面和愿意成长的朋友，避免不必要的不良情绪干扰。

2. 抒发性

情绪会累积，必须抒发，它不会自动消失。例如，小宇认为得不到父亲的肯定，心中累积了不满，以致在某个场合突然发作起来。还有，小时候爸爸在怒气中管教责打他，他不会分辨，弱小的心灵吸收进爸爸传递的怒气，以至于长大后的小宇发现自己总是有股说不出来的怒气。这些累积，到了一个地步，都会无法控制地“爆发”出来。再比如，很多人忌讳哭泣，其实悲伤是有价值的，哭泣也是有必要的抒发。但如果哭个不停，不肯接受安慰，则又会形成不良情绪，也会影响第二天的工作和精力。看来，有效的情绪管理，包含精力分配和适度抒发。

情绪要抒发，忍着只会影响健康，但原则是不能产生伤害，包括他人、公物、社会和自己。换句话说，要留意自己是如何抒发的，是耍赖、摔东西、骂人、虐待，还是有健康的抒发方法，如散步、朗读、呼喊、听音乐、运动、旅游等。

3. 关联性

正面与负面情绪分属不同“国度”，同国的情绪没界限，可任意转化，且程度渐强。小宇的故事中，他在猜疑、不满、发怒、悲伤、自怜中徘徊。过多的负面情绪，会妨碍人做决定，消耗精力，使人无法专注于梦想。而一旦引导进入正面的国度后，豁达、喜乐、积极又会接踵而来。要留意同种情绪在不同场合会有不同的解读，要致力于把情绪往正面、健康、积极的方向引导。

情绪对行为模式的影响

请问你生气之后，通常会有什么样的行为反应？

乐乐：一生气就睡觉，“睡一觉就好了”，有人会睡到起不来（忧郁症）。

和和：一生气就吃，往“吃”的方面发展，结果体重增加，内分泌失调。

美美：一生气就逛街，等气消了心却“痛”了，因为买了很多用不到的。

小强：一生气就掐自己，甚至用头撞墙，有些“自虐”的倾向了……

这些抒发方式所导致的，都是不健康的行为模式。不会管理情绪，就会导致错误的反应和行为，使身体与资源遭受损失和浪费。当然，从负面情绪中出来，需要先有适当的抒发，然后才能进行向正面情绪的转化，但抒发必须是适度和健康的。我们应当停止错误的行为模式，挖出情绪的内在根源，有效地进行分配和引导。

情绪对沟通模式的影响

自我检测：请问，当你与人有冲突或感到压力时，你的主要倾向是什么？

1. 即使关系变得更紧张，也一定要让对方清楚明白我的看法——指责型

2. 若与人起了冲突，我倾向于让步，即使吃亏了，也不在意——讨好型

3. 我喜欢用幽默、问题，或者其他打岔来缓和或者结束冲突——打岔型

4. 倾向于不动感情，只摆出合理观点，不要争吵，自然化解——麻木型

情绪不仅会影响人的行为，也会影响其说话方式。人在平和、快乐、感到安全的情况下，能沟通得比较好。当压力增加时，词不达意的不良沟通习惯就会显出来。经过自测，小宇、美美、乐乐、小强分别属于指责、讨好、打岔和麻木型。

下面对四种不良沟通模式的剖析，帮助人认识压力和紧张带给人的不良沟通模式。了解自己的不良沟通倾向，是为了找出内在的情绪诱因，学会健康有效的沟通模式，助力于建立良好的人际关系，帮助家庭生活以及职业发展。

指责型（小宇）：在压力到来时倾向于开始指责别人。和一个爱生气的人在一起，空气中都好像弥漫着火药味。他们的思想是简单化的是非感，但很正直，黑白分明。指责型的人很愿意与他人保持关系，不过基础是“你要同意我”。朋友们通常不把事实和坏消息告诉他们，但指责型若遇到直接坦率的意见时，也会听取。

讨好型（美美）：他们似乎生活在一个令人不安的世界里，需要不断地解释，按情况需要来迎合他人。指责型的人想透过管辖来维持人际关系，而讨好的人则是希望透过讨好，同时却很难掏出心里话。只要对方欢喜，即使是告诉了错误信息，他们也不在乎。

试想一下，如果两个指责型的人组成家庭，他们的夫妻关系会如何？而两个讨好型的人，成为好友或夫妻呢？不良沟通模式对人际关系到底有哪些影响？

指责型通常措辞激烈，而讨好型则散发出紧张不安，两个爱指责的人若结婚绝对是个灾难。其实四种都有某种特定的内在状态，指责型的内在状态是怒气，常有受到伤害的感觉，而伤害引发怒气。讨好型的内在情绪是担心焦虑，对他们来说，最重要的是怎样能维持好关系。两个讨好型的人成为好友，或是结为夫妻，因为双方都想知道对方的想法，好去赞同对方，因而很难做出决定。无论如何，指责型和讨好型只要不极端，情况还是比下述两种类型要好些。

打岔型（乐乐）：又称为掩饰型，他们或许很健谈，但谈的都是些无关紧要或理性的问题，其实在掩饰内心的痛苦。有位知名主持人说，他用幽默与人保持距离，看起来主持时很亲切，但其实内心远离他人。很可能他们从小生活在缺乏关爱的家庭环境中，充满了批评和否定。掩饰型情感多而复杂，充满了自卑（深深不喜欢自己的感觉）。

麻木型（小强）：又称冷淡型，他们会从情感上与自己和他人隔离，倾向于逃避关系而不是建立关系。原因是经历过某些痛楚和压力，久而久之就把情感关闭了。不过这是选择性的：一个人看球赛时可能又喊又叫，但与某个人打交道时，马上又回到无精打采的样子。

冷淡的人虽情感麻木，通常却很有洞见。小强常说："干嘛那么激动，谁要参与冲突呢？"他平常情绪不外露，因为心里没什么强烈的感觉，但压力大时，就会自虐。乐乐是打岔型，虽外表欢乐，什么都无所谓，但所掩藏的却是丰富而不知所措的情感。小时候父亲酗酒骂人时的指责，深深打击了他的心。

不良沟通模式与驱动情绪和内在价值观的关系			
模式	驱动的情绪	代表者	座右铭（价值观）
指责	怒气/受伤	小宇	你若同意我的观点，我们就是朋友
讨好	担心/焦虑	美美	告诉我你想听什么，一切就会好，让我们作朋友
打岔	自卑/躲闪	乐乐	你若了解我后，就会不喜欢我
麻木	冷漠/压抑	小强	我有毛病，可是我不知道是什么问题

上述四种无效沟通的模式，都有生理上的原因，是几种常见的情绪反应。在压力和威胁到来时，人大脑中的海马体会刺激杏仁体做出三种反应：争斗（指责）、逃避（焦虑）或呆住（冷淡）。每种杏仁体的反应都对应着一种不良沟通的模式，无法同时做出三样反应，就像我们无法又生气又讨好，也不能又发怒、又麻木一样。触发不良沟通模式的，就是人内在的价值观（座右铭）及其所驱动的情绪。看来，情绪对人际关系影响巨大，也是很多不良行为上瘾的内因。

我的决定

在认识了情绪的特质，明白了行为和话语的推动力是源于内在的情绪，特别是出于价值观后，我们就会认识到为什么自己心里愿意处好关系，但做出来的却是相反的。怎么办呢？到底是让情绪控制我们，还是我们做情绪的主人？

有人说，只要持续做一个动作21天（也有人说30天），就会形成一个新的习惯。根据生命公式，如果找出错误价值观，用正确的价值观取代，并持续操练正确情绪反应，渐渐地我们就会成为情绪的主人。情绪是真实的感受，都有触发的原因，情绪管理并不是消灭之，忽略之，而是要正确抒发、积极引导、有效转化。

- 美美：决定以后不再因为天气阴沉，就会觉得情绪低落，心情不好了。
- 乐乐：遇到不公平的对待，不是强装欢笑，而是要抒发、要面对。

在阐述情绪管理的七个基本能力之前，我们有必要先来分析一下人为什么会有情绪，这样，才能对症下药，找出情绪管理的应对之法，真正做情绪的主人。

不良情绪从哪里来

一般产生于需要不被满足、不合理的观念、冲突与误会、模仿和遗传等因素。

需要不被满足

根据马斯洛的需要层次论，人有生理、安全、被爱、自尊、自我实现等需求。当需求没被满足时，往往会产生负面情绪。乐乐回应道："是啊，我只要一饿，就会发脾气。"美美说："我一害怕，就会紧张。"和和说："如果有人不同意我的意见，我就会沮丧。"看来，当人的心不被满足时，自然快乐不起来。

不合理的观念（错误的价值观）

这些观念是指那些以自我为中心所带出来的自私的生活准则。

和和分享自己以前很爱生气。爸爸不建议她去同学聚会，她很生气；等她"磨"通爸爸，终于参加了聚会，却因为与同学话不投机，又搞得她很不高兴；席间兵兵不同意她代表大家发言，她气得不得了；听说美萍聚会后要邀几位去烧烤，却没邀请她，又很沮丧。结果，不让去聚会她生气，开心而去，却扫兴而归。

和和分析了自己思想中的不合理观念，提醒大家留意这些错误的价值观：

- 条条框框，应该与不应该。如，你不应该这么说话！你应该准时；
- 错误期盼和自私。如，别人都应该让着我，他要先和我道歉才行！
- 思维偏激和任性。如，常问为什么？也不接受解释，不愿意放下；
- 错误假设和猜疑。如，他总是和我过不去！老师对别人比对我好。

这些都是使人产生不良情绪的真实归因，使我们在与人互动时处处碰壁，把关系搞得一团糟。当和和的价值观开始改变后，她的心态也渐渐平和很多。

冲突与误会

误会是生活中不可避免的，例如小宇错以为爸爸始终对自己不满，不明白爸爸的爱，因此产生了冲突，导致了各种情绪反应。豁达与沟通是解决问题的秘诀。

遗传与模仿

由于情绪具有传递性，模仿也是个体在后天环境中，形成情绪反应的原因之一。例如，儿子观察到脾气暴躁的父亲的各种表现，例如对妻子的态度、发泄的方式等，不自然地就在模仿。还有，好友与同学的影响也不容忽视；网络、媒体的宣传也在潜移默化地熏陶，这些都提醒我们要有智慧，注重效法那些好的榜样。

自卑不安全

一个人是否喜欢自己，接纳自己（包括自己的失败），其实都在影响着我们每一天的判断和情绪反应。总觉得自己什么也做不好的人，是不会快乐的。不安全感，带给人各种负面反应。而一个认识自己的尊贵性，有安全感和价值感的人，总是可以从失败中出来，也总是容易正面快乐起来。因此，所有人际关系的问题，其实都是我们与自己关系的写照。人应立志成长为一个喜欢自己，有安全感的人。

情商1——接纳能承认

接纳能力，就是接纳自己是有情绪的，并且乐于改正因情绪所造成的损失。既然情绪是一种感受，它就是真实的，人有情绪是正常的。一个接纳自己情绪反应的人，也容易理解别人是有情绪的，从而在互动中更加得心应手。

映红去办公室找班主任谈奖学金的事，她一肚子委屈，结果当众与班主任争了起来，又引来了校长的解围。事后，她觉得自己糗大了，以后可怎么见人？

我们都希望在人前表现自己最佳的部分，尤其是在自己看重的人面前。聪明的人接纳自己，不被自己的情绪吓到，下决心学习管理它，不被情绪牵着鼻子走。

曾有段时间，和和觉得说自己生气了很没面子，所以无论同学怎样指出她在生气，和和就是不承认。后来，和和听了一堂讲座，是一家戒毒中心负责人的报告。这位负责人说能戒掉毒瘾的人，百分百都是承认自己有吸毒问题的。而那些在支持小组里拒不承认吸毒的人，戒毒对他们往往是浪费时间，他们不可能改变。

看来，无论恶习有多深，改变从承认开始。那些承认“我有这方面问题”的人，就会开始思考，逐渐战胜自己的软弱。和和因此明白了，她向往喜乐的生活，就承认“我有情绪的问题”。映红若是能因着这次的当众发作，意识到并承认自己有情绪的问题，糗事也将化做好事一桩。其实每个人都需要在情绪方面成长，有人脾气很好，但容易忧虑；有人很能干，但脾气暴躁；有人人见人爱，但自怜起来“哭天喊地”……看来，各人的情绪反应虽不同，但都需要接纳、承认和进步。

情商2——识别勤分辨

情绪可以主导人的行为，决定事件的后果，正确辨识出情绪是可以救命的。

情绪反应因人而异

每个人对情绪的理解和表达方式是不一样的。以怒气为例，有人发泄出来，有人忍着；有人当场发作，有人事后“算账”；有人发怒是打别人，有人发怒是骂自己，还有人伤害自己，甚至以死来威胁。所以，仅有接纳是不够的，我们需要结合自己的反应，多方面认识自己，识别出情绪，再对症下药。

学习捕捉自己的情绪

捕捉情绪，要结合对六种基本情绪及其复合体的认知，多观察、勤尝试。

第一，自我体会：闭上眼睛，安静下来，感受内心的状态。

第二，询问他人：“你觉得我常有哪些情绪？”这些人真心爱你，对你有认识，也希望你进步，尤其是指那些与你生活在一起的人，如家人、室友等。

第三，借助身体、生理来辨别：肢体语言会告诉我们很多，例如出汗（紧张）、心跳加快（生气的前兆，紧张）、握紧拳头（愤怒）、腿软（害怕）等。

勇于分辨诚实面对

张老师的课通常只有十几个人选修，而马老师的课却大受欢迎，每年都有一两百学生报名。每次走过马老师的课堂，张老师会觉得脸发热、心跳加快，心里有种莫名的沉重，接下来的一天都会闷闷的。直到有一天，他对自己的心说：“这个叫嫉妒。”当他勇敢把这种内在状态分辨出来后，心中不禁有一种如获重释的感觉。

若任凭情绪的“欺瞒”，张老师每天的工作和生活都要受干扰，他也可以选择麻木，但当他分辨并“叫”出来，相应的调整就会跟上，就会经历自由和快乐。

情商3——喊停不任性

“喊停”的能力，是一种能控制冲动、延缓满足的能力，使情绪在未造成危害和不利局面之前，先停下来。无论是流于外表的怒气，还是内心中的沮丧忧郁，越早“喊停”，对人所造成的损失就会越小。

丹尼尔·戈曼的研究表明：人的大脑中，处理情绪反应的部分主要是在杏仁核(情绪脑)，理性思考的部分主要在大脑皮层 (理智脑)，理智脑的反应速度约为40次/秒，而情绪脑为2000万次/秒，是理智脑的50万倍。就好比总是先看到闪电才听到雷声一样，没有受过训练的人，总是情绪先爆发，把理智远远地甩在后面。

乐乐大声插嘴道:“两者的反应速度相差甚远，‘喊停’是不可能的!”

和和反问:“两个争得面红耳赤的同学，若校长突然出现，二人会怎样?”

他们会立刻停止。那么，我们需要多少时间“喊停”呢？答案是一秒钟。

网络上有段视频，一个男孩的妈妈因为男孩被另一个女孩子踩了，非常生气，不依不饶。其间女孩的妈妈请女孩道歉，女孩又推人，不听从，最后男孩的妈妈彻底失控了。请问：男孩的妈妈生气没理吗？为什么视频中她的先生无法制止她?

看到自己的孩子受委屈，妈妈愤怒是正常的。但怎样表达就是情商的问题了，特别是不能适时停止，没完没了，对他人和自己就是一种伤害了。这种不能停止的情况，都是源于太任性了。小时候父母的“喝止”，会帮助孩子脱离“任性”和“胡闹”。长大后若有“忠诚”的朋友和师长，我们也会在他们的爱心劝诫里反省思考。但这里要强调的，是不要任性，我们要有“喝止”自己的能力。

每个人都有自由意志，可以选择任性，也自有能力停下来。真实的自由是想停下来，就可以停下来。请默想古话:“狂心在跌倒之前”，提醒自己不要任性。

情绪有时真的好像一头没眼睛、没耳朵、没头脑的怪兽，它只有感觉、嘴巴和四肢，任意驰骋在一个没边界、少约束的城池里。《三国演义》中桃园三结义之一的大将军张飞，因关羽去世后心中恼恨，常鞭打士兵，最后因此丢掉性命。难怪有话说，人若可以制伏自己的心，强过攻城杀敌的大将军。

当然，成熟的理智脑只能调控人的思维反应，“喊停”的其实是情绪发作的态度或行为，情绪的反应只是暂时被压住了，后续还得跟上其他的情绪管理。

若是你无论怎样努力，如何愿意停下来，但仍然很难停下心中的躁动，就要考虑请教专业人士了，有必要的话找心理医生进行诊断，看是否有心理问题或需要某些特定心理干预。无论如何，“喊停”能力体现了情商的高低，除了把不对的态度或行为“叫停”外，也能快速平稳情绪，避免不必要的损失。喊停自己的秘诀有：

- 对自己说话：“该停止啦，你为什么忧虑呢？你（心）要快乐起来！”
- 机能调节法：控制生理和表情姿势，如深呼吸、耸肩叹气、默念数字。
- 暂时规避法：发现自己要激动起来，立刻停止讲话、迅速离开现场等。
- 谦和不任性：心态谦卑柔和，听得进别人的喝止，懂得“就坡下驴”。
- 邀朋友介入：主动分享，请朋友多提醒自己，借助外力使自己停下来。
- 注意力转移：唱歌，或去做必须完成的，如要交的报告，预备三餐等。
- 用后果管理：失败后，反思任性的后果，养成一激动就想后果的习惯。

情商4——反思问自己

想想情绪发作的后果

在喝止住自己后，除了思考可能的后果，补充大脑控制中心的“数据库”外，我们也要问问自己的心：我是否公平、尽责、友爱，是否看重与朋友的友谊？

有人把管理人做决定的反应机制称为三个“老师”——直觉、感性、理性。人在危急时，常是直觉控制一切，例如起大火时，直觉告诉你要逃跑。但正常情况下，通常是感性和理性在人心里交战。反思把人带入理性，不仅总结经验教训，也为下一次做好而预备。有益的反思如:“是谁在管理我?”“怒气发出去后的烂摊子，我愿意来处理吗?”“是在懊悔中度过一天，还是……”“这样会不会破坏多年的友谊?”

找出直接的触发原因

当情绪产生反应时，特别是触发了深度负面情绪，我们可以借着反思，找出直接原因。例如,“我是怎么了?”“我在对谁不高兴?”以下是小宇的思考：

- 此次全家不欢而散的起因是什么？小宇的话语没有礼貌，带着质询。
- 看到父亲的态度，为什么心里会不舒服？父亲没有表示高兴和肯定。
- 买灯的目的已经达到了，为什么还不高兴？由于长期不被父亲肯定。
- 为何自己遇到事情会发怒？可能心里有隐藏的怒气，或是模仿他人。

借着这样的反思，多问几个问题，小宇渐渐就会找到触发的直接原因。

有位女老师，说起和和来毫不留情。和和平常看到这位老师就紧张，听她讲话也满肚子委屈，有一次老师让她第二天去办公室，结果当晚她就紧张到呕吐了。

和和先找到了触发原因，她与这位老师有敌对情绪。分析后，觉得要把对方话的内容与其语气、态度分开，接受对的意见，不受其负面情绪的影响。

确定真正的“敌人”

若和和接下来继续反思，就会发现，凭良心讲，这位老师每次说的都对啊。为什么自己对她的反应如此对立呢？就像小宇的情绪有着儿时的“情结”一样，和和与女老师的问题，其实也暴露出她与妈妈的问题。和和的妈妈是一个很有爱心，但喜欢唠叨的人。每次妈妈说多了，和和就很烦，渐渐妈妈自顾自地在说，但和和的耳朵早就“关上了”。久而久之，妈妈都要用很严厉，甚至发脾气的口气，才能引起和和的注意和回应。因此，和和极其讨厌别人说她，尤其是对方脸色还绷着。

原来真正的“敌人”是小时与妈妈的互动模式。和和自此开始感念那位女老师，体会到人家真的是出于爱。另外，一个巴掌拍不响，和和只记得对方的“凶样子”，却忘了自己用对待老妈的套路（冷漠以对）对待老师，这也是不公平的。

美美突然开悟了，讲起小学四年级的故事:“那时我好爱哭啊，以至于有了一个‘泪包’的绰号。有一次班上打扫卫生，我和一名同学闹了意见，又哭了起来，还闹到班主任那里。结果那名男生被老师狠狠地批评，事后，那位同学不敢公然违抗老师，却走到我面前，并恶狠狠地说：‘你除了哭，还会什么？眼泪多了就不值钱了！’从此之后，我就下决心不再哭了，到现在为止，我几乎不会哭了。”

情绪、情感是需要自然抒发的，那样才健康。像美美这样的发誓，就是一种“内在誓言”。内在誓言会让人往话语的定势方向发展，限制我们的个性发展。

从这些分析和反思看来，我们都以为眼前碰到的这个人是‘敌人’，但他们只是问题的触发原因，最大的“敌人”却是我们自己呀！造成今天人际关系问题的，其实是在成长过程中，对过往的遭遇产生了错误的反应，形成了错误的价值观。原来都以为是别人的问题，都在怪别人，其实我们自己的问题更严重！

情商5——抒发擅表达

之前提过，情绪是真实的感受，都有触发的原因，因此，在与人相处中，错误的不是有情绪，而是没有健康表达和处理情绪的能力。情商高的人，不回避情绪，不害怕沟通，并且摸索健康的抒发方式，善于表达情绪感受。看来，要想胜过不良情绪，就不要害怕表达情绪。当你开始表达情绪之时，就是开始管理它之时。

和和有一次和同学爬山，看到有同学爬到山顶，朝着山对面大呼小叫起来。喊完后，回头告诉诧异的和和说:“别担心，我没事，只是最近压力有点大，喊出来就好了。”这一招和和学到了，试了试觉得还挺管用，现在又传给乐乐和美美。

情绪表达最好是说出来。第一，可找个没人的地方呼喊宣泄；第二，找到合适的倾诉对象。培根说:“分享快乐，快乐就会变成两倍；分担痛苦，痛苦就会变成一半。”无论是分享还是分担，我们都需要可倾诉的对象。

倾诉的对象，一定是既可守密，又能提供正面支持的人。通过倾诉，我们得到正面的支持，同时也增进了友谊。正面支持的人，不一定总顺着我们说或包庇弱点，而是那些使我们有力量面对的人。同时，我们也要努力成长为这样的人。

情绪表达也可以写出来。无论是写出或说出，都可以提升语言能力，提高借由文字、符号以及形象来处理认知的能力。同时，由表达而引发的二次领受，使人重新认识局面，提升应付挫败、面对不喜欢之事的能力。有音乐、绘画、雕塑等天赋的人，也可以借着艺术形式的表达，抒发情感，使生活得以升华。

表达是将自己的内心揭露给其他人，要注意方式方法。诚恳的表达，容易博得同情，也使自己以后更有同理心。若是那些曾指出和和问题的人，脱离直白控诉式，变成是:“你给我的印象是你生气了”，和和应当会更容易接受一些。

情商6——抗压有弹性

现实生活中，到处都会遇到压力，学校没有家里有，金钱没有健康有，现在没有将来有，我们似乎是“压力难逃”。排压能力已成为现代人必备的一项生活技能，实实在在地左右着人们的生活品质。后面会谈到抗压之法，这里先讲弹性。

一个弹簧，是无论如何也压不断的，反而在受压后，累积了势能，蓄势待发。生活中，我们都应该做一个有弹性的人，这是高情商的主要表现之一。

自我检测：我是否是一个有弹性的人？

- 原先说好的事临时有变化时，我的反应是生气、无所谓还是配合应变？
- 本来想控制好情绪，结果却失败了，我是沮丧难过，还是在反思中改变？
- 对待不同个性的人，我们是惊呼其为“奇葩”，还是学习认识并接纳？
- 与情绪化或喋喋不休的人说话，我是不耐烦，还是在爱心里理解对待？
- 申请的项目一拖再拖，迟迟未被批准，我是躁动抱怨，还是平静等待？
- 遇见重大突发事件，我是否完全惊呆，持续大呼小叫，一直慌慌张张？

弹性，是指在与人相处中柔软而宽广，可根据情况随时调整。生活中，有人说话快，有人说话慢，这并非缘于对方的态度，而是其在成长环境中所养成的习惯。和和曾看不惯同寝室的某位女生，觉得她爱打扮，好虚荣。可是自从见过她那打扮时髦的妈妈后，和和明白了不能用外貌判断人。有弹性的人，具有以下能力：

- 应变能力：主动适应环境和社会，不惧变化，能随时调整、改变自己。
- 屡败屡战：理解可能出现的挫折和挑战，但积极应对，不轻易就放弃。
- 接纳合作：关怀别人、理解接纳人有差异，总能与伙伴找到合作模式。
- 忍耐坚忍：不自暴自弃、怨天尤人。敢于道歉和面质，善于处理冲突。

情商7——健康价值观

思考你的价值观

所有不当的情绪反应，其实都可以追溯到你思想里的某些错误价值观。正是这些价值观的误导，使我们错解人生、看低自己、满腹抱怨。人生百态，外在环境不会因为我们的存在而改变，但若内心的价值观变了，看待事物的眼光就会改变，就好像世界变了一样。因此，情绪管理必须要有转化错误价值观的能力。

例如，最好从此刻起，就把“我总是对的”赶出我们的信念系统，因为这样的观念只会引发更多的争论，让人失掉朋友。当我们的需要没有被满足时，应认识别人不是围着自己转的，每个人都有需要，我们是活在群体之中。另外，也要摒除“他在针对我”这样对立的想法。当别人与我们有不同意见时，不必觉得对方一定在拒绝我这个人，或许仅是意见不同而已；受到侮辱，要提醒自己我是尊贵的。

做相反的取代

价值观→思想→反应（感受+决定）→行为→习惯→性格→生命

生命公式清楚地表明，价值观对人的思想、反应和生命品质起到了决定性的作用，若是我们可以找出错误的价值观，再寻到正确的观念来取代，则情绪反应会随之而变。反复练习，就会成为新的反应模式，人就成长了。具体的取代方法有：

- 做与你的天然倾向相反的事，例如，本想报复争辩，但改成谦和道歉。
- 往师长给你提的建议去发展，例如，老板建议你多倾听，少随性发表。
- 向你所敬佩的榜样虚心学习，例如，某人具有坚强的品质，不抱怨等。

无论是上述哪种能力，都应与前面讲述的豁达不自私、快乐做自己等秘诀配合来使用，而且，这七种能力也要配搭、综合来使用，详见下面的常见情绪管理。

常见情绪处理技巧

怒气管理（Anger Resolution）

发怒，是人们生活中常见的情绪反应，但却是人际和谐之大忌。富兰克林（Benjamin Franklin）说："愤怒起于愚昧，终于悔恨。"正如人们常说的："脾气来了，福气就走了。"常常生气的人不可能有真正的友谊，况且，动辄怒气冲天的人，有何快乐可言？人与人之间经过几年甚至几十年建立起来的友谊，很可能因为一次不当的发怒而不幸中止，这是多么可惜的事。因此，当你真的觉得"怒不可遏"时，要学习停止下来，提醒自己"怒不可发"啊！

怒气停止三部曲

和和问："请问你生气时，要怎样做？"乐乐说"去打球""去上厕所"，美美说"去喝水""听音乐"。和和满意地笑了，她示范了停止三部曲。

1 表示"停"，放在嘴边，比出一的手势；

2 表示"想想"，用两个手指轻轻敲打脑袋，表示要思考；

3 表示"OK"或三思，再想想。

乐乐说："这么简单啊！这样一分钟内，就可以从发作中慢下来，从直觉和感性反应，跳到理性反应里，真是个'一分钟管理法'啊！"

心态成熟三段论

及时把怒气停下来仅是情绪管理的开始，下面我们使用“三段动机论”，以和和与亮亮的互动为例，讲解他们如何从常常发怒，转化为高情商，谦和成熟的过程。这个有效化解怒气之法中最重要的转化，是价值观的改变和升华过程。

和和与亮亮，有时冷战，有时热吵。和和快人快语，不说不快；亮亮寡言憨厚，显得沉闷。

生命的动机律告诉人，人所产生的行为，是由心中的动机引发的。从动机上看，心态成熟的发展可分为三个阶段。

第一个阶段是“害怕被惩罚”而不做，或者说是因为“不想承担某些后果”而不做。在此称之为“后果论”阶段。

第二个阶段，价值观被更新，开始有了机械的道德约束，虽有道歉，但时好时坏。这时的和和开始在品格上成长，渐渐谦和下来，不再觉得自己总是对的，这个阶段称为“道德论”。

三段动机论

动　机	和和的表现	和和价值观	亮亮的配合
0. 未成长之前 (唯我论)	• 想吵就吵，没有约束 • 发火后，越想越有理	• 我要做赢家 • 亮亮太不应该了	• 能忍就忍 • 不能忍时就讽刺回应
1. 害怕承担后果 (后果论)	• 为不影响关系而不发作 • 开始约束话语和行为 • 怒气转为闷气	• 我要做情绪的主人 • 看重关系胜过讲理 • 我不想毁了一天	• 看到和和的改变 • 决定“快乐做自己” • 开始思考怎样进步
2. 道德约束 (道德论)	• 发作后会自责 • 常常道歉，时好时坏 • 心态开始谦和下来	• 其实我也有问题 • 不管对方怎样，我都不该发脾气	• 每次都表示接受、接纳 • 开始明白对方为何发火 • 开始尝试改进的方法
3. 成熟的爱与内疚 (成长论)	• 良心不安，感到内疚 • 被爱感动，不好意思 • 从不接纳到欣赏	• 和睦、喜乐更重要 • 这是个小事情 • 他比我豁达有爱心	• 渐渐能与对方感同身受 • 称赞对方的努力和优点 • 更有动力成长和改变

第三个阶段，双方感受到他人的内心，进入对方的世界，捕捉到对方的爱，觉得对方比自己强。二人进入“成长论”，关系的凝聚力是爱与欣赏。

和和从害怕后果，到用道德约束，最后成长成熟了，在这个心态成熟的过程中，经历了几个关键点。第一，她想改变，决定做情绪的主人。第二，过程伴随着价值观的改变。典型的有，“我要赢变成双赢”“不要轻易毁了我的一天”“其实亮亮比我豁达”。第三，学会了谦卑道歉。亮亮的糊涂的确很气人，但她针对自己:“不管怎样，是我先发脾气了。”第四，与亮亮做了“爱的约定”。

刚交往时每天吵，二人心中都很痛苦，亮亮的老板说，“没关系，越吵越爱。”果真如此吗？和和觉得不应该是这个样子，就找到婚姻辅导，明白了关系的核心是真实的爱。她和亮亮做了一个爱的约定：“从现在开始，我们要用爱彼此对待，帮助对方成长，发挥出他/她的价值和潜力；若是将来分手了，我们也明白自己努力过了，那时也愿意在祝福对方中分手。”

爱的约定使双方从自私中出来，也避免了分手之后内心的挣扎和伤害。交往开始就要明确，目的是祝福对方，交往过程中也时时省察，是否以爱为出发点。

当然，和和战胜怒气的过程还是蛮“辛苦”的：开始总是道歉，却似乎没能力改。渐渐意识到把和别人的气撒在亮亮身上，并不公平。再有，吼完后又常自责。不过看到一点也不懂得“配合”的亮亮，真是气不打一处来，这时“不要因为这样，就毁了我的一天”的念头会救了她。她也学习整理完情绪后，再和亮亮谈。渐渐地，亮亮的宽厚使她自愧不如，二人的关系升华了。更妙的是，亮亮竟然自发改变了。和和从痛苦到辛苦，最后经历了关系的升华，她自由了，二人都成长了。

担心的时候怎么办

负面情绪具有“蒙蔽”性。例如，落在沮丧中的人，似乎感到一切都完了；发怒时会有思想告诉我们，对方无情无义；在自怜中，我们会“听从”谎言，觉得自己多么可怜没用；在害怕和恐慌中，我们会觉得没人能帮得了我们。

很明显，这些都是与实际不符的思想。其实，想想最坏的结果，会帮助我们从蒙蔽里面出来。下面，我们以担忧害怕为例，学习如何“想想最坏的结果”。

每个人心里都充满了各式各样的担心和害怕。若疏于表达，在压力及困惑中，会越来越孤僻偏激。因此，我们需要正视它。方法是拿出一张纸，写出你

所有担心的事，然后思考最坏的结果是什么？当你写出来这些担心的事后会发现，黑暗的思想一见光，就会自动消失，并且意识到，很多担心都是有办法可以解决的。

- 担心家人身体：你觉得最坏的情况会有多糟？这样的情况你能承受吗？
- 担心做得不好：真的搞砸了，会有什么情况，我能承担相应的后果吗？
- 对前途有担心：毕业后若找不到工作怎么办？现在的就业率大概是多少？
- 担心没锁好门：若人进去，最大的损失是什么？有什么方法可以补救吗？
- 担心没钱生活：我会饿死吗？我有哪些谋生手段？每次不都过来了吗？
- 担心关系搞僵：他会做的最极端的行为是什么？我有没有注意不要惹他？
- 有种莫名担心：到底有哪几种可能，是什么使我担心？有那么严重吗？

想想最坏的结果，能帮助我们的担心，不再一直“泛滥”下去，避免演变成恐惧或心理障碍。这样的做法，也会激发我们愿意将负面的转为正面的。正面情绪和心态带给人希望、爱心和快乐，使人具有生命力，这样的生活应当是每一个人的愿望。值得感恩的是，通过练习，这样的生命状态可以成为我们的品格和自然状态。负面转化为正面的例子有：抱怨化作感恩，紧张化为幽默，孤单化作享受，困惑化为放下，计较转成豁达，憎恨化为祝福，无奈化为创新，担心化作欢乐，等等。

除了列出“最坏的结果”并逐一思考外，我们还可以找一件最担心的事分享给可靠的朋友或心理老师。由此而获得的正面支持，将成为我们的动力和成长方向。

- 担心家人身体：化作主动对家人的关爱。看看可以为家人做什么，担心的原因是因为爱，不如行动起来，化作爱的言语和行动。心里常常为他们祝福。
- 担心做得不好：好坏的标准是自己有没有尽心尽力，看重过程甚于结果。

• 对前途有担心：找可信任的长辈了解咨询。与其瞎想，不如实际做社会调查和访问，如同乐乐、美美来找和和一样。

• 担心没锁好门：顶多丢些东西，学习罗斯福总统遭窃时的感恩三件事。

• 担心没钱生活：想想以往的担心，都有发生吗？哪一次我们不是安然过关？

• 担心关系搞僵：做人过于做事，重点不是他怎样待我，而是我怎样待他。

• 有种莫名担心：不要被感觉吓到，感觉不重要，更不必自己吓唬自己。尽力思考可能性，做过适当补救后，就相信上天是公平的，失败是成功之母，凡事都具有双面性，坏事也能变成好事。选三件感恩的事，或思想快乐的事。

这中间要把握三个原则，一是要明白“怕是没有用的”，担心于事无补；二是避免伤害别人；三是快点正面起来，快乐更重要。

紧张害怕怎么办

张鹏觉得自己不会说话，人多就紧张，别人和他打招呼，他很想回应，却怎么也说不出口，他私下偷偷去查一些心理学方面的书，想诊断自己是否有“障碍”；董娜听说学校组织“好声音”唱歌比赛，很想报名，可就是不敢，因为人一多就感到不自在，她来问心理老师，“我是不是有问题？”

紧张不自在是很多人都有的情绪反应。一开始和生人接触，我们都会觉得紧张，手都不知道该放在哪里，但经过练习和心理调整，这些都会改进。你知道吗，在二战前发表演讲，鼓舞全英国的英王乔治六世，其实患有口吃症。影片《国王的演讲》（曾获第83届奥斯卡最佳影片奖），讲述了他的故事。

英国国王乔治六世还是约克公爵的时候，因为口吃，无法在公众面前发表演讲，接连在大型仪式上出丑。妻子伊丽莎白为他到处寻访名医，偶然地遇到了语言治疗师莱纳尔·罗格。虽然公爵对罗格稀奇古怪的做法很不以为然，但是他应用罗格的方法（带超大音乐声的耳机）所录下的朗读竟然十分流利，毫不口吃。这让他开始信任罗格，配合治疗，凭着坚强的意志，他慢慢克服了心理障碍。乔治五世驾崩后，爱德华八世为迎娶辛普森夫人不惜退位。他临危受命，成为英国国王。

乔治六世的故事提醒我们，大可不必觉得自己是“异类”，我们多数只是不知如何在公众面前表达而已，只要下决心，多唱、多练，情况就会改善。即便真的有语言或心理障碍，也可以像乔治六世那样，逐渐克服，完成重要的人生使命。

从自责中走出来

小梅在一家餐厅打工，因为人机灵，很快得到老板娘的欣赏和信任，让她做前台收银。但是有一次，因为想买一件衣服，她偷偷从柜台拿了100元钱，结果被发现了。老板娘没说什么，当天就把小梅辞了。小梅每次想到这事，都很气自己，也一直很沮丧，她很久都快乐不起来。

小梅很久都无法缓过来，在与心理老师交谈后，她渐渐找出一些原因。

第一，小梅的父亲脾气不好。小梅所习惯的是，做错事一定被骂，甚至被打。然而老板娘只是辞了她，小梅觉得好像并没有受到“惩罚”。这顿打骂没有到来，就一直惶惶不安，总觉得事情还没完一样。其实，在职场上，辞退已经是很严重的“惩罚”了，没准儿在同行业里，已经落下了坏名声。

第二，要学会面对。做错了，就要道歉；违纪了，就要伏法。

第三，除了道歉，还要尽量地弥补损失，例如，应该把钱退回去。

第四，要原谅自己。对自己的心说:“我错了，但我要继续往前走。”

很多人发脾气后，会陷入很深的内疚，小梅做错事后，也不愿意原谅自己，不过他们事后都发现，无论怎样自责，下次脾气照发，小偷小摸的习惯也还是改不了。这些都提醒我们，内疚和自责是必要的提醒，但不是使人进步的根本。不断埋怨自己，会使我们感到被控告，失去生活的激情和动力。唯有反思找出错误的价值观和不当的反应，才是进步的开始。因此，我们既要勇于剖析自己，又要接纳和宽恕自己，并在行为上积极道歉和弥补损失。

一个人的成熟度，除了体现在她能反思、愿意道歉，也在于认识自己的尊贵，能快速从失败中“站”起来。有时候，弥补后继续“往前走”反而更重要。

改变压力观

现实生活中，每个人都有或大或小的压力。曾有研究估计，压力已成为美国排名15的死亡因素，高于皮肤癌、艾滋病和被谋杀的人数。而压力使人更脆弱，抵抗力变差易感冒，增加心血管等疾病罹患的风险，已经成为现代人对压力的共识。但近年来的一些研究与跟踪，逐渐打破了这一说法。若是你愿意重新调整自己的压力观，例如，有了“压力是朋友”的观念，情况可能会大为改观。

一项追踪了30000名美国成年人的研究，用8年的时间证实，那些相信“压力对健康有害”的人群，其死亡风险增加了43%。而那些压力重重，但不认为“压力对身体有害”的人们，却不易死亡。哈佛大学的一项研究表明，当人们在接受压力测试前，若认定身体对压力的反应是有利的，如，怦怦的心跳是在为你的行动做准备，而呼吸加速将使你的大脑获得更多氧气时，参与者的血管常是保持松弛的。

相信这些研究成果会改变你对压力的看法，当你相信压力能使你应对生活的挑战，我们就不得不同意，压力就是动力。经验告诉我们，为梦想而接受压力和挑战，比懒散不做工、逃避压力对于你的身体更有好处！

小唐与很多人都处不好。要么猜疑别人说她坏话了；要么选班干部时质疑别人为什么不投她的票。总之，大家有问题。但事实是大家都很头痛她，也不知如何面对她，因为她在意的事太多了。可是不知从什么时候开始，她突然像变了一个人似的。原来她要准备考研究生了。自从她决定考研之后，她发现那些很烦的事，都变成芝麻绿豆大了。小唐有了新的目标，觉得生活开始“带劲儿”了。

当梦想更具体化后，人的专注力变了，原来那些人际关系所带来的压力，也随之不见了。因此，我们要不时问问自己：“我的人生目标与现在的压力有关吗？”

总结一下，压力化动力的秘诀有哪些呢？

- 调整错误的反应：避免害怕压力、躲避压力的想法，压力也有益处。
- 拥有更高的生活目标：如小唐一样，心存志向，追寻梦想。
- 挖掘生命潜能，做有意义的事：扩大生活圈子，服务有需要的人。
- 培养兴趣爱好，适时调节情绪：丰富生活，与“爱好为友”。

兴趣爱好帮助我们很好地调节情绪，舒缓压力。夜深人静的时候，听一听自己喜好的音乐，赶出脑袋中的一切“讨论”和“纠结”；约几个朋友去爬山，欢笑中愁烦会舒缓；出去跑跑步、散散步，智慧清明的意念会浮上心头；借着运动、下棋、书法等业余爱好，心境容易调整过来。与爱好为友，心灵便有了休息的“港湾”。

常去看看大海，思考大海的承载能力，自己也会有放下和宽恕的能力。

情绪原本是人心里的一个泉源，健康的情绪能收放自如，充满喜乐，也协助语言、表情和身体来表达、抒发和传递爱。一个人的生活质量，很大程度上取决于他的情绪管控，也就是情商的高低，而最直接的反应，就是体现在人际关系上。

情绪管控得好，一方面使人在人际互动中，可以得心应手，但更重要的一方面，是使我们可以自由地享受生活，使自己的每一天都在享受美好中度过。

请不要忘记：你是尊贵有价值的，快乐使一个人的潜能可以毫无阻碍地施展和发展，幸福是你自己可以把握的。而管理好情绪，做情绪的主人，注重体会、抒发、引导和分配，将使你的人生更加精彩。

本章思考与练习

1. 针对“情绪有积极（正面）情绪和消极（负面）情绪，两者都是有价值的”这一论述，请举出两个正面或负面情绪，以及他们有价值的地方。

2. 请写出怒气停止三部曲的内容。

3. 请根据本章内容，结合自己的情况，分析自己主要有哪一（几）种不良情绪。

4. 微笑打招呼练习：请从下述场景中，找出3个场景，练习主动微笑打招呼。

4.1 在商场中，排队付款，下一个就是要你结账了；

4.2 在飞机场，需要做出境，走到机场办事柜台前；

4.3 回到中学，看见当年的某任课老师迎面走过来；

4.4 叫出租车，当车开过来，看到司机停在你面前。

5. 从紧张中走出来：请参考下述建议，在生活中练习，消除拘谨，走出紧张。

5.1 在接纳自己的基础上，承认自己有这个问题，并且一步步来突破。

5.2 从微笑打招呼开始，向众人微笑，主动和别人打招呼。

5.3 若是第二天要做报告，就要事先多预备，先预演并请别人给你提意见。

5.4 深呼吸、放松肩膀，放松自己，多做自我鼓励:“我是可以的。”

5.5 把握机会，上课多发言，开会常分享，并在事后反思总结。

Part 8

四阶赢友谊

引子　小敏的故事

在小敏3岁的时候，她的妈妈不幸去世了，爸爸一个人把她拉扯大。为了养家，爸爸工作很忙，小敏常一个人在家里，独自吃饭，心里非常渴望有朋友。

进入大学，一个寝室住6个人，小敏觉得一下子“冒出来”5个朋友，虽然大家刚认识，但是她心里好高兴。她拿出家里带来的特产给大家吃，住在她上铺的苗苗特别喜欢。有次她看到红红忙得没时间吃饭，就把自己打的饭让给她吃。菲菲拉肚子，小敏就陪她看医生，为了安慰菲菲，她还讲爸爸以前的趣事给她听。

没想到，菲菲把小敏爸爸的故事，告诉了苗苗等人，结果大家都在背后笑她爸爸。有一次下晚自习，小敏怕黑就央求红红等等自己，但红红却称自己有事无法等她，自己先走了。小敏迷茫了，自己对每个朋友都这样好，可她们却都是这样对待自己，想想还真蛮令人伤心的……

听完了小敏的故事，和和请乐乐和美美思考下述问题：

1. 小敏感到很伤心，该怎么帮助她呢？

2. 什么算是朋友？我们所认为的“好朋友”，是否是真朋友呢？

3. 菲菲怎么可以把小敏的心里话告诉别人，是否该把她拉入“黑名单”？

4. “热情热心”换“冷淡冷漠”，小敏是否还要对别人好？

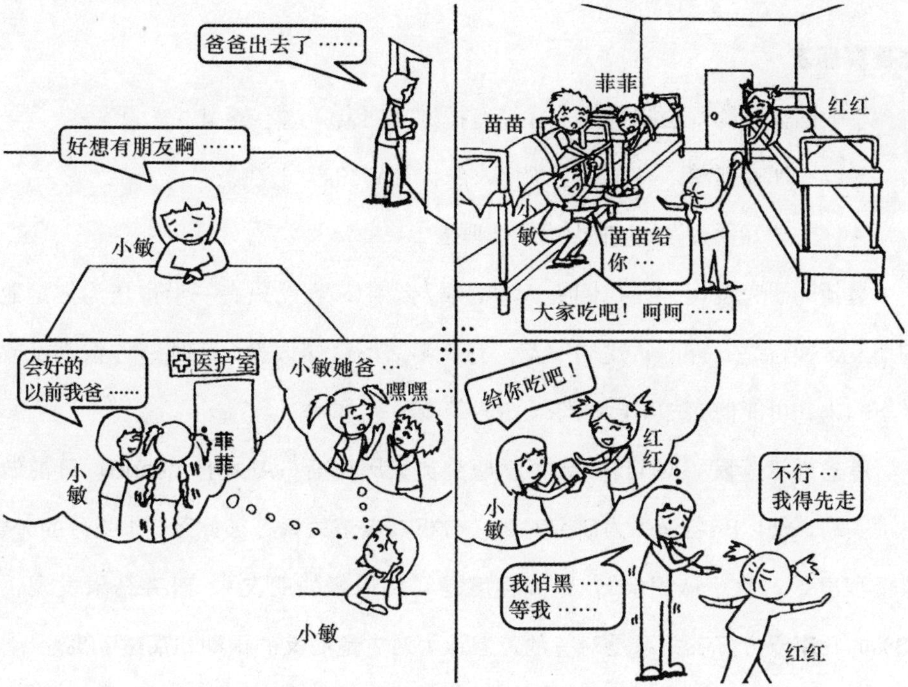

付出才得友谊

小敏失去妈妈，也没有弟兄姐妹，心里特别需要朋友。看到同学们，住在一起，吃在一起，上课在一起，她那颗常年孤单而渴望朋友的心，不知不觉热情起来。其实小敏已经抓到了交朋友的第一个秘诀，就是关爱和付出。

很多人都感叹没有朋友，与其等待，不如像小敏一样，主动付出。小敏分享自己的东西，陪生病的室友看病，讲自家的笑话减轻室友的痛苦，这些其实都是在友谊的土壤里撒下了种子。爱的付出，总会有所收获，她一定会交到知心朋友。但小敏也需要成长，第一，有智慧界限，分辨谁是真朋友；第二是体会“爱是不需回报的”；第三，认识友谊的发展是有阶段性的，不能强求，要有耐心。

谁是真朋友

小敏同宿舍的几位同学似乎并没有把她当朋友，这不禁引发人思考：

- 没有朋友孤单，有了朋友烦恼，怎样交到知心朋友呢？
- 你的“好朋友”，也把你当朋友吗？

最新的研究发现，在我们所认为的朋友当中，大约只有一半也认为你是他们的朋友，换言之，你所认定的朋友，有一半并不这样认为；而那些你根本没放在眼里的人，可能他们却早已把你认定为挚友。

麻省理工学院（MIT）社会科学研究员亚历克斯（Alex Pentland）日前做了一项实验，他以84名学生为研究对象，分析其友谊关系，彼此互打1~5分的分数，最低程度是“我不认识他”，最高程度是“我最好的朋友”，研究结果发现，有53%的几率双方好友关系是对等的，但认为对方是朋友的预期却高达94%。

这个结果，与过去10年来与友情相关的研究大致相符，至少有超过10万名民众曾参与类似的调查，而彼此认知对等的几率落在34%~53%之间。亚历克斯说，这样的结果显示了人们对友谊认知的混乱，一旦被问到“你觉得什么是真正的友情？”大部分人都支吾其词，没办法给友情以真正的定义。

朋友间的误会，对健康与心态都会有一定程度的影响。因为人都不喜欢听到那些看来是朋友的人却不把自己当朋友。因此，我们必须分辨哪些是真朋友，这正是小敏的困惑，也是对红红、菲菲等人的提醒。

下面是专家建议的自问方法：

1. 与哪些朋友在相处的时候，我是感到开心、快乐、没有压力的？
2. 哪些朋友是在我有困难、情绪低落时，愿意陪伴我、鼓励我的？
3. 我心情不好时，想与谁分享？谁又能不把我的心底秘密说出去？

友谊的发展阶段

学会分辨真朋友，也要有真智慧，因为爱是不求回报的。苏拉格底说，不要靠馈赠去获得朋友。小礼物有时是友谊的“敲门砖”，但金钱“买”不来友谊，爱与交心才得知心朋友。付出爱是应当的，尊贵的人在爱中自然就会分享。还有，友谊是人际交往所产生的一种特殊情感，多数从一般的好感开始。友谊是来自双向的情感，任何单方面的示好，都不能称为友谊。

如果那些你觉得是你朋友的人，并不认为你是朋友，你也没必要灰心，可能他们就是你生命中的过客，也可能时候未到。要相信人性中有善良：每个人的动机，都有好的一面。例如，红红说自己必须先走，可能她真的有急事。

种子什么时候发芽，不是我们能掌握的，不能强求，只能等待，因此要保护好自己的心。有智慧的人，珍惜现在身边真正的好友，无论如何，他们才是无价之宝。友谊既是机缘，也是果实，只要你善意地对待周围的每一个人，一直“种下”慈爱与友善的种子，总有一天，会结出友谊的果实来。

英国心理学家罗宾邓巴（Robin Dunbar）说，每个人一生的朋友是有限的，而这些朋友也有层次之分。最高层的只有1~2人，比方说你的配偶，或那位与你出生入死的多年好友；第二层大约4人，你们会每两天就联络一次，彼此都很了解对方的心、也懂得对方的情绪与忧愁。再下层的朋友则多是交情不深、认识时间不长、单纯工作上的同事；最后则是几乎不太会有联络的酒肉朋友。

生活的经验告诉人们，友谊是分阶段性的，大致可分为初识、朋友、知已和密友。这每个层次的朋友都有着不同的特征和责任。很明显，小敏错把初识朋友，当成知已来对待了，她需要识别友谊的界限，学习掌握友谊发展的四个阶段。

友谊的四个阶段

友谊可分为四个阶段：偶遇初识，是两位未来可能成为朋友的人相遇了。渐渐地，他们有了进一步的了解，成为普通朋友。当他们在人生目标、个人梦想和已有成就等方面更多彼此了解后，他们从相识，到相知，成为可交心的朋友，即知己。再进一步，他们也可能成为亲密朋友，开始有了共同的奋斗目标，互助而成长。

偶遇初识

1. 保持愉快、友好的表情——微笑、问候、打招呼。

2. 请教对方的名字，用他喜欢的方式称呼他。

3. 询问对方一两个观点，反映出你对他的兴趣及接纳。

4. 做个好听众。

普通朋友

1. 发掘他的优点，找出他的强项（包括他本人未意识到的）。

2. 设计一些合适并深入的问题问他，开始一起从事一些活动。

3. 倘若他告诉你他的挣扎，请用心聆听并表达你的关切之意。

4. 对人诚恳，若做错了什么，与其打马虎眼，不如勇敢认错。

5. 适时表达出你愿意交他这个朋友，反映出你是值得信任的。

知己朋友

1. 了解他生命中已有的成就，知晓对方基本的（成长）背景。

2. 有交心的谈话，包括说出内心的动机、挣扎和意愿等。

3. 听懂他的思想，发掘并讨论他目前有哪些明确的目标。

4. 明确阻碍这些目标发展的冲突所在，用爱心和智慧助其达成目标。

5. 可为他守密，有行动支持，愿意花时间、付代价达成其心意。

亲密朋友

1. 在他经历挑战及忧伤时，予以安慰，及时给予帮助。

2. 有无障碍、多方面的交流和沟通，常常达成一致，并齐心努力。

3. 视对方为自己生命中不可缺少的部分，彼此委身，无私奉献。

4. 察觉在你或他身上，所需改进的个性与态度，用爱心提醒和纠正。

认识不同层次的友谊，及相关的角色与责任

友谊的层次	不同的特征	角色与责任
1. 偶遇初识	• 偶尔的接触 • 可提普通问题：一般可公开的消息	• 把认识别人视为一种友谊的机会 • 设计适当而一般的话题
2. 普通朋友	• 时而接触，开始一些共同的活动 • 提出较深入的问题：如愿望与目标	• 学习指出并赞赏朋友的优点 • 诚信有担当，有错就道歉，适时面质
3. 知己朋友	• 可交心，能守密，享受共同的兴趣 • 彼此支持，能听懂彼此的心声	• 憧憬彼此生命的成就 • 明辨并发展适当的计划以达到这个成就
4. 亲密朋友	• 彼此听从，相互委身，可彼此纠正 • 有共同的计划和目标，重品格塑造	• 坦诚共处，也谨慎行事，保持尊重信任 • 明辨品格缺陷的原因，并提出解决之道

美美问：“和和姐，你觉得闺蜜算不算知己？按理说闺蜜无话不说，应该达到亲密朋友的层次了。可为什么有的闺蜜，把好友的秘密说出去，有的还“抢”别人的男朋友，最后反目成仇，连朋友也做不了啦？”

和和笑着回答说："我认为闺蜜就是谈得来的朋友，他们在一定程度上打开了心。或许有些真的进入了亲密关系，但是，有些极有可能也就是普通朋友。如果无法为对方守密的话，算不上知己啦，知己是盼望并努力帮助朋友成功的。"

许多人无法发展出富有意义的友谊，因为不了解不同层次的友谊都有不同的责任，友谊不是索取，而是付出。知己与密友间是自然的交流，无怨无悔的奉献。

在一次研讨会上，一位婚姻专家问与会的一百多位听众："你们觉得婚姻幸福的第一要素是什么？"大家纷纷提供心中的答案，如会沟通、彼此尊重、条件般配、背景相同、脾气和、有经济基础……总之，答案五花八门。最后这位专家笑着说："估计你们还是猜不出来，你们讲的都是相关的要素，但不是最重要的。据调查表明，婚姻幸福的第一要素是：目标一致，即有共同的奋斗目标。"

的确，在婚姻这个亲密关系中，那些有共同目标的夫妻，容易走在一起并维持相对稳定的生活，哪怕只是"为了孩子上个好大学"这么单纯的目标。除了异性夫妻外，同性间也能够形成亲密关系。当有人询问某作战英雄，为何愿意冒险救出战友时，这位英雄肯定地回答："因为他们也会为我这么做！"

专家的话应该给恋爱中的年轻人，或那些向往婚姻幸福的人一些启示：

- 获得幸福的婚姻，要学会约束自己泛滥的情感，最好先从好朋友做起；
- 慢慢挖掘对方的兴趣、爱好和梦想，看能否"谈"出共同的理想和目标；
- 不要错以为肉体的亲密就是所谓的"亲密"，心灵的距离才决定一切。

友谊的特质

友谊是一种特殊的情感，至少具备三个特性：忠诚性、平等性和纯洁性。

忠诚性

忠诚性，是衡量友谊质量的重要指标，代表着关系中的亲密程度。这种亲密度，不是单以相识的年数、互动的频率来表现的，而是指双方内心的距离。亲密度高的友谊，可以谈心，可以解惑，还注重彼此的成长。

刚认识的朋友，并不适合交谈敏感且个人性的问题，不具亲密度。闺蜜虽常“黏”在一起，说些悄悄话，但不一定具有忠诚度。知己的亲密性，既表现在交心，也体现在忠诚。这种走入内心（走心）的友谊，是人们迫切想维护的。亲密朋友，完全委身，绝对忠诚，他们必定分享着某些共同的东西，有合二为一的心。

平等性

有人做过调查，所谓的师生恋、单恋等，其幸福指数普遍不高，原因是这些关系不具有平等性，单方面的持续付出，或以一方的利益为转轴，这样的关系无法持续。友谊之树，需要双方的共同呵护和培育，大家都有责任，都需要付出。

平等性表现在心态的平等，投入的平衡，以及期盼的一致。投入的东西，不一定是金钱，可能是时间、精力、忍耐等，双方都需为增加对方的价值感而努力。

纯洁性

达尔文有句名言：谈到名声、荣誉、快乐、财富这些东西，如果同友情相比，它们都是尘土……的确，友谊是超乎这些的，它具有纯洁性，是一块心中的“净土”。友谊的国度是自封疆界的，没有金钱、欺骗、世俗来打搅。虽然交往的过程，也会伴随着争执和误解，但对待友谊的心是单纯的，维护的心是坚定的。

案例分析：请用此例，分析友谊的忠诚性、平等性和纯洁性

1945年的一天，一辆白色小轿车停在法国南部瓦洛里的一家理发店门口。“阿里亚斯，我来了！”说话的人正是毕加索，小城弗雷儒斯有斗牛比赛，毕加索邀请理发师一同去看。阿里亚斯打发走最后一名顾客，就匆忙跳上了车。

阿里亚斯出生在西班牙，在弗朗哥专制时期他逃到法国瓦洛里，靠理发为生。在那里，他与毕加索成为朋友，他视比他大28岁的毕加索为“第二父亲”。在毕加索的画室里，阿里亚斯给他剪头发、刮胡子，二人总有说不完的话。

阿里亚斯还是画家名誉的坚定捍卫者，谁说毕加索的坏话他就跟谁急。有一次，当他听到有人说毕加索是“吝啬鬼”时，他立即反驳说：“对一个你并不熟悉的人进行这种攻击是幼稚和卑鄙的，毕加索一生都在奉献和给予。”

毕加索一共送给阿里亚斯50多幅作品，理发师将这些画都捐给了西班牙政府，并在家乡建了一个博物馆。博物馆中陈列了一个放理发工具的盒子，上面有毕加索烙的一幅《斗牛图》和“赠给我的朋友阿里亚斯”的亲笔题词。

一位日本收藏家曾想购买这个盒子，他给了阿里亚斯一张空白支票。可收藏家没想到，理发师断然拒绝。阿里亚斯说：“不论多少钱，都无法买走我对毕加索的友情和尊敬。”

如何开始友谊（偶遇初识）

听完毕加索和理发师的故事，乐乐不禁连连鼓掌:“太感人了，真希望我也能交到像理发师这样的朋友!”

美美却继续刨根问底:“友谊到底要怎样开始呀?”

友谊开始七技巧

友谊开始于温暖

一个小男孩收到爷爷给他的生日礼物——一只可爱的小乌龟。他很兴奋，很想和乌龟一起玩，但小乌龟初到陌生的环境，一下子就把头脚缩进了壳里。小男孩便用棍子捅它，但始终也不见它露头。爷爷看到他的举动，说:“不要用这种方法，我教你一个更好的办法。”他和小男孩把乌龟放在暖和的壁炉旁，几分钟后乌龟觉得热了，便伸出了它的头和脚，主动向小男孩爬去。

“有时候人也像乌龟一样。”爷爷说,“不要用强硬的手段逼迫人，只要以善意、亲切、诚挚和热情的方式，使他觉得温暖，他就会愿意靠近我们。”

友谊立足于勇敢，开始于温暖。其实建立关系只需花一丁点儿的工夫，而一份终身情谊可能就此奠立了。

下面的七个方法，帮助大家与人结识，开始友谊。

温暖七技巧

头三个技巧，与沟通课程中的“如何与生人开始交谈”相类似。沟通的核心价值是“温暖、尊重和真实”，与人相处时的心态应该是亲切、尊贵和真诚。

1. 微笑法：微笑问候、打招呼、颔首致意。请把握任何一种场合来练习。

2. 提问法：开始一个话题，询问一个意见，借沟通在陌生关系中带入温暖。

3. 专注法：目光柔和专注，全身心配合聆听，以此来表达你的兴趣和关注。

除了微笑法、提问法和专注法外，下面四个技巧也帮助你开始一段友谊：

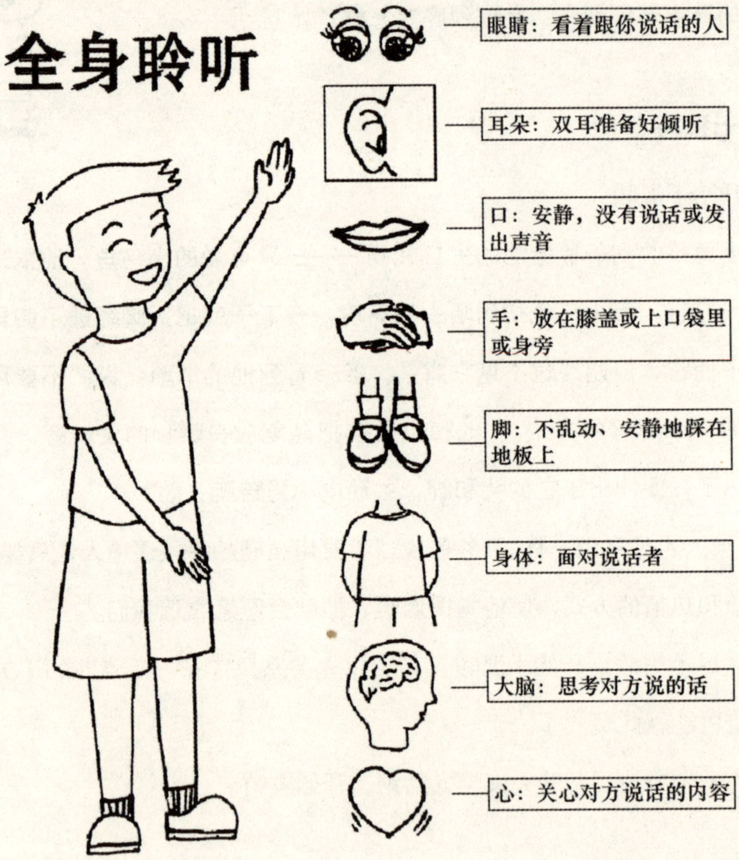

4. 名字法：巧妙地自我介绍，询问喜欢被称呼的方式和记住对方的名字。

自我介绍的方式有很多，秘诀是让对方记住你或你的名字，例如：

- 微笑打招呼后后，取出自己的名片，报出姓名；
- 握手后，谦恭或幽默地介绍自己，如“我叫陆凡，大陆的陆，平凡的凡”。

得知对方姓名后，或随大家的方式称呼（一定是其可以接受的方式），或是请教，“请问，您喜欢叫您英文的名字，还是中文的？”若是你可以在下次见面时，甚至是在同场活动中，记住对方的名字，将会迅速拉近你与他的距离。

5. 关爱法：善意、真诚和轻松，给对方留下一个印象深刻的服务或行动。

对于偶遇的两个人，不要期盼一下子就让对方完全了解你，反之，我们也不可能立刻就信任对方。但是适当地表达关切，提供举手之劳的帮助是可行的。例如：

- 为共同进餐的朋友，递过一张餐巾纸，或送上她需要的调味料；
- 一起走向电梯时，快步向前，为大家按下电梯，并确保同行之人都进入；
- 一同参加露营或旅游，扶助老人、女生或生病者，提供适时的帮助。

表达关注，保持友善但不过于亲昵的态度，都会给人留下好印象。这些看似平淡无奇的举动，却能为着可能的进一步交往，奠定了基础。其中的关键是勇敢。

6. 意境法：让自己进入某种认同的角色，来帮助自己与生人互动和交谈。

虽然我们很想交朋友，但是如同那只小乌龟一样，就是不愿意伸出头来。这时，不妨使用意境法，思考那些自己认同的角色，模仿他们的互动方式。例如：

- 把刚刚认识的谈话对象，想象成电影里面富有同情心的主角；
- 带着王子般的尊贵，举手投足像个王子，自然微笑，平和阐述观点。

7. 特长法：模仿别人，挖掘自己，找出自己的长处，形成自己的风格。

人际交往能力多数是后天习得，但每个人天生都具有某些特质。只要你认真学习，反思自我，慢慢就会摸索出规律，形成自己的交往风格。

美美：天生内向，自认不善交际的她，其实是个好倾听者。安静的心，使人容易倾诉。

乐乐：充满热情，每次他遇到新朋友，只要发挥此特长，不知不觉就拉近了二人的距离。

小敏：很想交朋友，也曾困惑过。反思后明白，她的强项就是关爱，敢于主动微笑问候。

芳芳：只要说得慢一点，给对方时间回应，芳芳发现自己很容易就能和陌生人开始攀谈。

珍惜机会，友谊处处有

克里欧•斯达克（Kio Stark）曾讲过一个旅行中的故事："有一回，我从德国法兰克福搭乘夜车前往意大利米兰，同车厢有一位严肃端庄的七旬德国老太太，手中拿着一份报纸。我跟她打招呼，顺口问了那份报纸好不好。结果，她对我细数了十几种刊物的好坏。不久我们便结束交谈，由于时差，我很快就睡着了。几个小时后，有人轻轻推醒我，原来是老太太，她示意我走到窗口。此时火车正缓缓绕过一座浩淼的湖泊，在微曦中，湖滨小镇点点星光，一座高山雾中耸起。原来，这是意大利著名的科莫湖。至今，我仍旧认为当天的景象是我此生所见过的最美风景。"

若是克里欧没有在旅途中先跟老太太攀谈几句，就会遗憾地错过这段美景。人生也是如此，若我们将每次的相遇都视为一种机缘，一定会发现处处有友谊。

如何维持友谊（普通朋友）

你微信圈的好友数，并不代表你实际有多少朋友。有研究指出，社交媒体朋友愈多并不代表愈快乐，反而是对社会的疏离感愈大。那些沉迷于社交媒体的人，大部分对生活都不满意，也比较不快乐。对于打过一两次交道的朋友，很多人不过是你生命中的过客。但若你留意下面这四个方面，就可能将他们中的某些人，发展成你的（普通）朋友。这四个方面帮助你展开友谊，也帮助你维持各种友谊：

- 发挥你的交往风格，关爱中持续传递温暖；
- 培养双方的信任感，令人自发地敞开内心；
- 增加朋友的价值感，相处中让人感到舒服；
- 有颗尊重事实的心，不狡辩且能主动道歉。

发挥你的交往风格，关爱中持续传递温暖

多数人自然地关心自己，若你能关心他人，带着亲切、尊贵、真诚的态度，就会感染人，做到积极主动赢得友谊，不卑不亢持守尊贵，真诚以待处处服务。

黑幼龙先生有段时间每周要上李建复主持的广播节目。有一次，他看到李建复用茶水湿润脸颊，就将航空公司送的脸部喷雾器在下周上节目时送给他。李建复很高兴地说，“在我认识的人中，像你这样的朋友最能真诚地关心别人。”

关爱时要避免做“堂吉诃德”式的人物。有些人特别热心，俨然是个“救世主”，到处出击，结果却不尽人意。正确的关爱应找出真正的需要，如对方直接提出的请求，或是像黑幼龙先生那样，通过细微观察来捕捉。找到需要再结合自己的实际能力施以援手，就会自然地将刚认识不久的初识关系，渐渐变成朋友关系。

培养双方的信任感，令人自发地打开内心

当思考“你可以和谁分享秘密”这类问题时，你会发现若是缺乏信任的基础，朋友关系很难建立起来。强迫别人说出心里话，或要求信任和忠诚，只能带来怀疑和抗拒，你必须花时间、用行动来赢得别人的信任。交友初期特别该做到的是：

1. 面对其要求，若是合情合理，尽量配合；
2. 答应别人的，除非情况特殊，说到做到；
3. 朋友间的话，未经对方允许，守口如瓶。

增加朋友的价值感，相处中让人感到舒服

当你和一个陌生人打交道时，对方是否让你“感到舒服”，几乎决定了友谊是否能继续展开。感到舒服的人，自然有了存在感和价值感，价值感使人觉得被需要，也使双方都体会到自身的价值。交友初期要特别说鼓励和安慰的话语：

1. 避免不文明的话语和行为；
2. 不要夸夸其谈，或只谈自己感兴趣的；
3. 多表达谢意，礼貌待人。如“谢谢你陪我。”“多亏你……，谢谢！”

有颗尊重事实的心，不狡辩且能主动道歉

没人愿意和总是“呛”自己的人做真心朋友，同样，也没有人愿意和“永远正确”的朋友坦诚以待。建立友谊的关键，就是尊重事实不狡辩。菲菲若是不和小敏道歉，恐怕她们的关系就是表面的，只能维持在初识。诚恳道歉能感动人心。

如何走入人心（知己朋友）

拥有500、1000个微信朋友并不是什么值得开心的事，最重要的，是如何在现实生活中获得真正知心、坦诚以待的朋友。心理学家罗宾·邓巴（Robin Dunbar）认为，受限于时间和情感，一个人一生中最多只能完全投入在5个朋友身上。也许有人会说：我的朋友很多。但事实上，可能这些友情的质量都不太高。

最令芳芳苦闷的，就是她觉得自己没有好朋友。每当她看到别人在一起欢笑，心里就不是滋味。特别是当她心中感到苦闷时，没有人来安慰她。其实她身边的同学和朋友也不少，也常和大家一起玩耍，但她心里知道，自己没有知心朋友。

孟子说，人之相识，贵在相知，人之相知，贵在知心。知心朋友，或称知己，是我们每个人一生都在寻找的。芳芳的故事，正好给大家一个反思的机会。

自我检测：请对照芳芳，思考如何从普通朋友发展为知己朋友。

- 芳芳喜欢独来独往，心情好才会帮别人。
- 看到朋友比她成功或受重用，她会嫉妒。
- 芳芳喜欢别人猜她的心意，不喜欢明说。
- 芳芳常指责朋友，但听到批评却很伤心。

专心建造知己

既然人的精力和时间都有限，古话也说“人生难得一知己”，我们就应该在朋友圈中，致力于发展出知己来，并努力维护之。

爱心——无私奉献与付出

古语云，士为知己者死，其含义代表了有一种“牺牲”，是为着朋友的。或许是在你最不方便的时候，如生病体弱、事务缠身、心情不好等，朋友有一个需要，你是借口推脱，还是舍己而上？很多的知己情，都是在这种最不方便时结下的。芳芳若只在自己心情好时才帮助人，就只能交到普通朋友。

真心——为着朋友的成功

关爱能拉近人与人间的距离，但只有无私的爱，才注定会走入人心。有人说，与忧伤的人同哭还是容易的，但与喜乐的人同乐，就是一种考验了。芳芳的嫉妒阻碍了友谊的进程。普通朋友只能谈些浅显的问题，说些泛泛祝福的话，而知心朋友不仅明确知道对方心中的喜好、目标和梦想，还努力帮助知己成功。这份真挚无私的爱，加上伸出援手的心，才会令人感动，才会自发地激起对方爱的反馈。

知音——没有障碍的交流

春秋时期，俞伯牙擅长于弹奏琴弦，钟子期擅长于听音辨意。有一次，伯牙来到泰山北面游览时，遇到了暴雨，便拿出随身带的古琴弹了起来。樵夫钟子期路过躲雨，听到琴声情不自禁地叫好：“好曲！真是好曲！”俞伯牙继续弹了起来。伯牙凝神于高山，子期听后频频点头：“好啊，真像是一座高峻无比的山啊！”伯牙又沉思于流水，子期击掌称绝：“妙啊，就如同江河奔流一样呀！”伯牙每奏一曲，子期就能听出它的意旨和情趣，使伯牙惊喜异常。

二人于是结为至交，并约好第二年再相会论琴。到了第二年，当伯牙如期来会钟子期时，却意外得知钟子期已然去世。俞伯牙痛惜伤感，难以用语言表达，就摔破了自己从不离身的古琴，从此不再抚弦弹奏，以谢平生难得的知音。

高山流水这个经典故事，叙述了两个偶遇之人，因着琴音结缘，迅速上升为知音的过程。扪心自问，我们所谓的找到朋友，其实不也是要找到能听出自己心声、懂自己心境的人吗？但如何才能找到呢？俞伯牙若不开始抚琴，钟子期也不会显现出来。同样，芳芳不能一味等待，她应该适时打开心扉，分享自己的心声。知音的核心是那种“没有障碍的交流”，双方听懂彼此的心声，有时是一种缘分，意外的收获；但也很可能就是借着生活中的分享，经历年日磨合后的一种默契。

眼光——如何看待朋友

晚饭后，母亲和女儿一块儿洗碗盘，父亲和儿子在客厅看电视。突然，厨房里传来打破盘子的响声，然后一片沉寂。

儿子望着父亲，说：“一定是妈妈打破的。”

“你怎么知道？”

“她没有骂人。”

我们习惯以不同的标准来看人看己，往往是责人以严，待己以宽。就好像在我们的眼睛上架着一副“有色眼镜”，镜片若是红色的，所有看到的就都是红色。因此，我们需要问问自己，我们看朋友的眼光准吗？

有一个著名的“意识测试”实验：当测试者只专注数白队传球的数目时，会完全没有留意到一位身着熊装的人物出现。其实并不是我们的眼睛有问题，而是人都会有“盲点”，若你只看到朋友的缺点，就会对其优点视而不见，如第三章中的吴晓，只看到阳阳“又胖又慢”，却忽略了阳阳有乐于助人、厚道等品格优点。

我们应当真心为那些爱我们、适时支持我们的朋友而感恩，快一点忘掉他们的缺点和失误，致力于帮助其成长和成功。因为毕竟看出朋友的缺点太容易了，但要选择接纳帮助，还是挑剔嫌弃，正是知己与普通朋友的本质区别。

这其中的秘诀，就是戴上一副“成长的眼镜”，在爱里看他们，包括既认出其本身已展现出来的美德，也识别出那些被误用了的美德，例如任意挥霍是误用了慷慨的特质。这样的话，既能欣赏其优点，也能分辨出被误用的美德，帮朋友找到成长的方向。下表分别列举出如何识别优点和被误用的美德。

辨识朋友的优点（品格）		
诚实而非欺骗	顺服而非任性	知足而非贪心
勇敢而非胆怯	饶恕而非憎恨	感恩而非自大
有安全感而非焦虑	能屈能伸而非抗拒	节俭而非奢侈
负责而非马虎	尊敬而非不敬	公平而非偏袒
勤劳而非懒惰	慷慨而非吝啬	整洁而非凌乱

从缺点中辨认原有的美德	
美德	被误用的美德（缺点）
善良	容易上当，常被欺骗，优柔寡断
有渴望	自私的竞争，空洞的野心，诡诈
自信	自负，趾高气扬，气势凌人
合作	妥协，纵容，缺乏主动
勇气	任意妄为，粗鲁无礼，厚颜无耻
创意	恶作剧，花言巧语，做白日梦，旁门左道
公正	举棋不定，严厉，苛责
节俭	吝啬，守财奴，一毛不拔
爱整洁	完美主义，吹毛求疵，无法忍受，局促
坚毅	顽固，没有弹性，刚愎自用
敏锐	太敏感，易怒，容易激动

冒险——爱心里说诚实话

看到缺点太容易了，随意指责也不难，但若你的出发点是希望朋友成长和成功，就要心存爱心，必要时勇敢地指出来，当然这需要一点“冒险”精神。著名导演李安曾说过一句话：“冒险跟做不出来比，我宁愿冒险。”同样，若是你真想得到知己，就需要冒一点险，以此“试试”对方能否发展为知己，例如：

- 肯定对方的优点，也说出对方需要改进的点（因为会拦阻其成功）；
- 发生冲突后，不逃避，敢于面质，以此也来试试对方是否值得深交；
- 勇于承认错误，谦卑地去道歉，对方若真心原谅你，就会更珍惜你；
- 也要听进别人给自己的指正，这样在双方的关系中才会产生安全感。

知己的特征

知己是走心的，意味着双方的关系是一种存于内心的友谊。正像张九龄所言，相知无远近，万里尚为邻。知己有的时常沟通，有的则“君子之交淡如水”。

- 看懂动机：走入内心的关系，看重内在动机，彼此也能读懂其内心。
- 分享内心：知己的交流无障碍，他们说出心中的热望，并激励对方。
- 心灵相通：即便没有语言交流，没有肢体暗示，他们也都了然于心。
- 衷心祝福：比憧憬对方职业成功更重要的，是祝福其在品格上成长。

知己朋友不仅了解彼此的心声，也助力于对方的成功，他们甚至还能为对方带出方向和使命感。很多人在被问及“你为什么会从事现在这个行当”时，他们都坦承曾受到长者的肯定或好友的提议。而约翰·卫斯理伟大的一生，源于他从火灾中被救出来后，其亲人说：“你被救出来，说明在你身上一定有某种特别，要等着你去展现！”这些预言性的激励，正是知己彼此祝福的写照！

知己间的“建设性批评”

知己可以是专业上的知音，如球友、票友、对艺术的追求者，也可以是生活中发展起来的朋友，无论如何，他们虽各有家庭和事业，却义无反顾地彼此成全。但知己间怎样帮对方指出那些拦阻其成功的品格，而又不伤及友谊呢？

何谓“建设性的批评”

批评不只是指出“哪里错了”，而是指出哪些是好的，哪些是错的。如：

- 期盼式表达：例如，总体都很棒，若是你可以说慢点，那效果就更好了。
- 清晰有范例：避免模糊要求或仅阐述感觉，要用实例解释让对方明白。
- 实际可行的：不仅指出问题，还建议实际可执行的方案，并非假大空。
- 合宜有智慧：有优先顺序，摸清对方能听懂和改进的节奏，分步提出。

利用建设性的问题，来探讨可能采取的行动，其重心是成就对方。如：

- 你觉得怎么样可能更好？你觉得可行吗?你认为我们还可以怎样运用?

豁达接受他人的批评

- 有一颗谦和的心，承认自己需要成长，表达谢意，并思考别人的意见；
- 找出别人意见中真实的部分，给自己沉淀的时间，再检讨找出心得；
- 留意意见中的正面与负面内容，大多数的人只注意到坏的部分。

知己间的“困惑”

知己与普友最大的区别，就是双方已具有忠诚性和纯洁性。但是，知己最好不要有利益之争。我们不时会听到两个同学一起做生意，后来分道扬镳，或是二人本觉得关系很铁，一方向另一方借债不还后，二人又撕破脸皮的故事。这些都给人以警示，朋友最好不要牵涉利益，知己间就是衷心祝福。

如何彼此委身（亲密朋友）

有人认为知己是友谊的最高阶段，但其实友谊还有第四个阶段——密友。密友可以是夫妻，也可以是有着共同奋斗目标的“战友”，甚至是长期联络或生活在一起的老少情谊。亲密朋友不仅是知己，他们还有着共同的奋斗目标，彼此委身。知己可能不能常常相聚，但是亲密朋友必须是时常沟通，共同克服困难的。他们的特点是互相尊重、互相听从、互相交付和彼此支持。

彼此尊重

很多人以“熟人不讲理”来解释某些看似亲密却又屡屡僭越界限的关系，但若问问那些相濡以沫的老夫妻，你就会明白，越是熟识，越要懂礼；越是亲密，越要尊敬。尊重不仅是态度的恭维，它更是发自内心的看重。与普通朋友一样，尊重是对人性尊贵的恭敬表达，但它更是一种与密友相知之后的赞叹景仰。表现在：

- 相敬如宾：礼仪上的周全，多感谢，常道歉，勤问候。
- 摸透习惯：熟悉对方的方式，配合对方的习惯，充分平等。
- 爱屋及乌：照顾密友的家人，关注对方，想之所想，念之所念。
- 同心共鸣：认同密友的目标和梦想，并为之设计方案，排除阻碍。

• 肝胆相照：保持友谊的纯洁，保护密友的利益，避免私事打扰对方。

彼此听从

亲密朋友的特点之一，就是和谐默契。走过正在交谈的一对密友，你会发现，连他们的说笑都处处散发着亲切。其实密友是可以看透对方的心思的。

有一次，和和、亮亮与王先生夫妇一同赴宴，刚坐下，王先生就说王太太生气了，但和和看着彬彬有礼的王太太，却一头雾水，她哪里生气啦？事后的经历证实了王先生的说法，那么王太太为何生气呢？原来，一进餐厅，王太太就建议大家按某种顺序就坐，但王先生却把手一挥，置之不理。他的不听从自此埋下了“隐患”。

此事给和和的启示是，亲密关系中，王先生清楚妻子的内心状态。乐乐学到了彼此听从是亲密的首要原则。以往和和说：“有人时不要把手放在我肩上。”可亮亮总不听，和和生气后，亮亮就说她小题大做。经过这次，亮亮明白她为何生气了，因为没有表达出内心的尊重。他俩渐渐意识到，夫妻本应是亲密关系，但事实上很多都缺乏认同感。他俩决定不做貌似亲密，并戏称之为“被迫亲密”。

景园和佩佩同租一栋公寓。外人看她们有说有笑，常结伴而行，以为他们的关系一定很亲密。但事实上，二人的关系是“疙里疙瘩”。每次景园的要求，佩佩都认真听从，例如她喜欢干净，佩佩就配合。而佩佩喜欢安静，希望她轻点关门，景园却总是不以为然。

生活中还有一种关系是所谓的被迫亲密，就是室友关系，虽然同住在一个屋檐下，关系却不融洽，从哪里突破呢？若你也有这样的困惑，不妨试试彼此听从。

彼此交付

彼此交付，是指一种认定和约定。认定指完全接纳对方的优点、缺点和特点，不再为着看法和个性的不同而争吵辩论，更不会轻言分手。密友的特色是以对方的益处为所有考虑的出发点，以双赢的模式快乐地互动。约定指无论是具体的目标还是平常的互动，双方都会达成某种一致，借着沟通，常有共同行动。表现为：

- 不可取代：一同承受生命之恩，若没有彼此，双方在成长上都会有缺失。
- 充分合一：心意相通，如亚里士多德说“挚友如异体同心”，密不可分。
- 甘心奉献：双方在时间、精力上，大量为对方付出，并且是甘心乐意的。
- 约定在先：非单指婚前协议，也含为着共同梦想或顺利互动达成的约定。

恋爱3年后，亮亮想结婚了，但和和却不认同，理由是什么呢？除了每次提醒他事情总不记得外，和和觉得亮亮有时都不如一个普通朋友关心自己。有次下大雨，亮亮只是打电话来问问，还是另一个同学冒雨把伞送来。还有，二人总为同一类事吵来吵去，和和也不知道亮亮将来打算做什么，是否值得托付终身？

老师建议他们去思考：

1. 爱是付出，二人是否愿意为对方“死”？例如放下自己的想法和坚持。

2. 密友（婚姻）的基础，是有基本的认定，他们的心中有这样的认定吗？

3. 是否知晓自己的软弱和对方的缺点，并视之为可彼此提醒和愿意改变的？

4. 有无谈及双方各自对未来的憧憬，这些设想可达成一致，形成约定吗？

见过老师后，二人立刻发生口角。亮亮觉得都是和和在说话，和和反唇相讥：“你又不说嘛！”亮亮辩解道：“你把我的话都说完了。”二人讨论后决定以后由亮亮先说，和和补充。二人也约定，给双方家长买礼物，都说是对方的提议。

密友不仅心中有对方，也忠诚委身，将自己交付给对方，有极强的归属感。

彼此支持

真正的朋友，应该在你有难时义无反顾地帮忙，在你开心时由衷地感动与同乐，而不是带你入歧途或仅是敷衍。亲密的友谊不是点头之交，而是要有心灵的交流，二人在各方面都彼此支持。当然，这样的关系也需要经历考验。

全心支持

别林斯基曾说，真正的朋友不把友谊挂在口上，他们并不为了友谊而互相要求一点什么，而是彼此为对方做一切办得到的事。密友间的支持无时无刻，使亲密的朋友渐渐发展为家人般的关系，他们放下自己，全心服务对方。

谨慎敏锐

亲密不是意味着放肆，密友应当更加彼此珍惜，例如花心思了解对方的喜好和随时的心态改变。也不要轻易放过那些小小的疙瘩，更不要觉得“给她买点好吃的就行了”“对他好点就行了”，要直面问题，精准道歉。

及时沟通

亲密是一种“透明”关系。不仅要分享心灵感受，也要更新自己的状况。那些有共同奋斗目标的战友，还要报备自己的动向，好利于安排时间，和谐互动。亲密关系就不需要猜测了对方的心意了，心中有了问号，应该直接询问，“你那天的脸色不好，怎么啦?”“我把钱给娜娜，你是否不高兴了?”并且，对于心中感动和共鸣的事情，也要倾诉分享，例如，告诉对方你很喜欢她那样说。

胜过试探

结婚誓言是这样说的：

我愿意，从今天开始相互拥有、相互扶持，无论是好是坏、是顺境或是逆境、富裕或贫穷、疾病还是健康、快乐或忧愁，我将永远爱着你、珍惜你、对你忠诚，直到永远。

这样的誓言，不仅是给结婚伴侣的，也适用于密友，意味着朋友关系不仅有甜蜜，也会经历试炼和挑战。而唯有经过考验（金钱、疾病）的关系，才圣洁恒久。如果用一句话来总结密友关系，那就是：或是平淡，或是争战，什么都不能分隔密友，因为亲密的友谊地久天长。

友谊中的界限和智慧

友谊中的界限

四阶段代表着界线

有句古语说“不要把珍珠丢给猪”，要留意怎样使用情感这个资源。小敏对于刚结识的新同学，用知己的心态对待，并希望她们也据此回报。这样的期待无疑是单方面的，应有智慧、多观察，跟进那些正面且有效的回应，不怕被拒绝。

友谊发展的四个阶段，就是关系中的界限。能大概明辨出对方与我所处的友谊阶段，以及判断出进一步发展友谊的可能性，都需要耐心和交托的心，不强求，也不误判，并及时改进。有时对方会想起我们的以往的好，返回来寻求友谊。

为自己的心立界限

保护好自己的心，就是立界限的开始。例如在工作中与有家室的异性接触，需要先在心里立下界限。僭越界限所带来的痛苦，对关系和健康的破坏力极大。

选友的智慧

伊索说，对一个尚未成熟的少年来讲，坏的伙伴比好的老师起的作用要大得多。除了明辨友谊所处的阶段，友谊的界限也告诫人不要交到坏朋友。大多数年轻人都不了解为什么若想交到对的朋友，我们必须愿意树立一些“敌人”。

当不好的友谊持续下去，会发生什么事？你会失去许多可能的好朋友。这些人可能会想：“他的好友不检点，他一定也一样。”“他花那么多时间和那些朋友在一起，不会有时间与我做朋友了。”“我可不想和他的朋友有关联。”

友谊的结果是彼此帮助而成长成熟。虽然我们很想关心一个明显有品格缺陷的人，但别忘了影响是潜移默化的。成为密友和帮助人是不同的概念。除了远离会把我们的人品带偏的人外，也要远离那些心存欺诈、想利用人和喜欢羞辱人的人。

友谊的原则

对众人一视同仁，对少数人推心置腹，对任何人不要亏负。——莎士比亚

莎士比亚的话精辟地概括了交友的原则和内涵。人要豁达，与每个人都处好，包括不喜欢我们以及我们不欣赏的人，要一视同仁，大家都是朋友。但因时间和精力有限，要努力维护那些与我们志向相同，且珍惜我们友谊的几位知心朋友。

虽然朋友有近有远，但凡事都不要亏负人。对那些我们以前帮助过，当时热情热心换冷淡冷漠的人，如今若有需要又来找我们，也不应完全拒绝，因为那不符合我们的本性，力所能及的，能帮还要帮。古话说，行善不可丧志，到了时候就要收成。我们要活出善良，但心里要有界限，多与清心的人为友，且注意要防备人。

把朋友当自己

在与朋友的互动中，那些能进入他人思想或感觉的，可被称为“高人”。很多时候，我们仅是在用“我的”想法来猜想或推理朋友，但是，既然友谊是一个双

向的情感和角色，就该多想想对方的处境，多谈谈对方的顾忌与考量。

怎样进入别人的感受呢？爱人如己是最好的概括。在看待朋友时，把朋友当成自己，这也说明你在面对一个难以相处的人时，换个角度思考也许是最好的方法。

把家人当朋友

自我检测：你最难相处的三个人是谁？

大家或许会给出无数答案，可能是一位同事（同学），可能是一个老板（老师），但统计下来你会发现，三位中肯定有一位是家人或亲人。

陈磊是和和的朋友，他健谈幽默，事业做得也风生水起，朋友人脉很广，大家都很喜欢他。但这位“人见人夸”之人的妻子，却总是抱怨连连，并且二人常常关系紧张，不是热吵，就是冷战。陈磊来求助於和和，和和给了他几条建议。

1. 对外人笑脸相迎，可回家就闷闷地看电视，说明陈磊心里并不快乐。要真实地快乐做自己，去除人性中的孤傲和自私，明白关系的维系是爱与付出。

2. 与家人朝夕相处的记忆，时常“困扰”我们，但与朋友相处就简单多了。“疙瘩”需要清理和释怀，要知道“血浓于水”，千万不要因为朋友比较了解我们，就轻易“切断”与家人的联结。我们要学习的是界限，而非封闭自己的心。

3. 当然，一个巴掌拍不响，家人也一定有需要梳理的问题，方法是找到他们所信任的人，由这些人和他们讲，最好避免我们自己直面出击。

4. 把家人当朋友。如果对待朋友都愿意“挺身而出”，为何对待家人就处处推脱呢？秘诀是把他看成是朋友就好了。家人和亲人才是你最需要花时间的。

友谊常被比喻为阳光和天堂，健康的友谊增加生活情趣，但也要避免花掉所有的精力来盘算如何应付朋友，更不必纠结于过往的失败。幸福人生的秘诀是忘记背后的，努力面前的，重点是把下一份友谊把握好。把时间花在有意义的事上，寻得几个知心朋友彼此支持，就可借助友谊这道清泉，使人生既滋润又有力。

本章思考与练习

1. 重新审视关系：

1.1 找3~5个你现在看重的关系，分析体会与他们所处的友谊阶段。

1.2 反思周围的人，哪些是你忽略掉的朋友（即对方认你为朋友）？

1.3 对照本章教导，哪些关系需亲近，哪些该立界限，哪些要疏远？

2. 选择题：

2.1 请问哪个可能是你的知己？当你有件高兴事去和这位朋友分享时 （ ）

A. 比我还高兴；

B. 流露出羡慕的神情，但明显随口应付；

C. 努力平复内心，甚至打击讽刺，恨不得让我的高兴瞬间化成轻风。

2.2 下面的关系中，哪个可以算为你的密友？ （ ）

A. 我很喜欢张敏，但她其实有男朋友了，可我一有什么事，就想找她诉说；

B. 我们曾非常相知，彼此鼓励，但毕业后去了不同的城市，现在很少联系；

C. 李力和我是一个球队的，不过他是正教练的嫡系，我是副教练招进来的；

D. 杨帆和我都为少数民族文化的流失而心痛，经过十几年的共同努力，经历了资金紧张、乏人问津的数道难关后，我们的工作有了进展，也坚信这样做是对的。

3. 请写一段你对友谊的认识，找个朋友讨论一下，思考如何调整改进。

本书链接一览表

Part 1　友谊的哲学

蝴蝶的一生

http：//v.youku.com/v_show/id_XNTIwMDM4NjAw.html?from =y1.2 –1 –103.3.3 –1.1–1–1–2–0

七分钟带你看完《实习生》

http：//v.youku.com/v_show/id_XMTQyMDkwODI1Ng == .html?from =s1.8 –1 –1.2&spm=a2h0k.8191407.0.0

Part 3　快乐做自己

勇敢的爸爸

http：//v.youku.com/v_show/id_XMTE0MzUyOTg4.html?from=s1.8–1–1.2

Part 4　人性化魅力

失斧疑邻

http：//v.youku.com/v_show/id_XNTYzNjYxNg == .html?from =s1.8 –1 –1.2&spm =a2h0k.8191407.0.0

Part 5　双向性沟通

带刀的大学生

http：//tv.cntv.cn/video/C10328/fe2b5129370148ee83e588e11b0399ac

如何利用人性，善用沟通技巧，让人爱上被你说教。

http：//v.youku.com/v_show/id_XMjYzNDYxNzc2MA == .html?from =s1.8 -1 -1.2&spm=a2h0k.8191407.0.0

周振宇老师 4F沟通法

http：//v.youku.com/v_show/id_XMjY1NzQyODgxMg==.html

Part 7　情绪的主人

负面情绪有价值

http：//v.youku.com/v_show/id_XMjg4MDE4OTU4OA == .html?spm =a2h0k.8191407.0.0& from=s1.8-1-1.2

喊停的能力

https：//v.qq.com/x/cover/zpd4cvvq803nmdz/t0393zh27eo.html?pgv_ref =aio2015&ptlang=2052

如何使压力变成你的朋友

http：//v.youku.com/v_show/id_XNjI0MzUwMjY4.html?from =s1.8 -1 -1.2&spm = a2h0k.8191407.0.0&qq-pf-to=pcqq.c2c

Part 8　四阶赢友谊

传球实验

http：//v.youku.com/v_show/id_XMzU5ODU0MjQ4.html?from =s1.8 -1 -1.2&spm = a2h0k.8191407.0.0